어휘를 알아야 만점을 잡는다!

스토리텔링식 신교과서 학습을 위한

마법의 상위권 어휘

초등 **4-2** 단계

WISDOM HOUSE 마법스쿨

상위권이 되려면 어휘부터 잡아라!

학교 공부란 책을 읽고 그 속에 담긴 지식과 생각을 바르게 이해하고, 자기 생각을 말과 글을 통해 정확히 표현하는 것입니다. 그러므로 학교 공부는 다양한 내용의 어휘를 마음껏 부리어 사용하는 활동이라고 해도 지나친 말이 아닙니다. 학교 공부를 잘 하려면 어휘력이 있어야 한다는 말은 그래서 나온 것입니다. 어휘력이 높은 학생이 그렇지 못한 학생보다 좋은 성적을 받고 있는 것은 실험을 통해서도 확인이 된 사실입니다.

어휘력을 키우기 위해서는 어휘 공부를 별도로 해야 합니다. 책을 많이 읽으면 일반 생활 어휘는 익힐 수 있습니다. 그러나 교과서에 나오는 학습 어휘, 예를 들어 축척 · 등고선 · 침식 · 퇴적과 같은 어휘는 동화책이나 인물 이야기에서는 배우기 어렵습니다. 이러한 학습 어휘는 학교 공부에서 중요한 역할을 하기 때문에 따로 배우지 않으면 안 됩니다. 〈마법의 상위권 어휘〉는 학습 어휘를 재미있게 배울 수 있도록 만든 좋은 어휘 교재입니다.

그런데 이러한 학습 어휘는 대부분 한자로 되어 있지요. 그래서 어휘 공부를 하려면 한자를 함께 배우지 않으면 안 됩니다. 문제는 한자 학습법이 아직도 '무조건 외워라' 하고 강요하는 방식이라는 점이지요. 하지만 이제는 바꿔야 합니다. 무조건 외우는 천자문식 학습법 대신, 이 책에서 소개하는 연상 암기법으로 한자를 익히면 쉽고 재미있게 한자를 익힐 수 있을 것입니다. 학습 어휘도 배우면서 초등 필수 한자도 익힐 수 있는 일석이조 학습은 〈마법의 상위권 어휘〉만의 자랑입니다.

> **한자 공부는 어휘 학습에 꼭 필요해요.**

박원길 전주 성심여고 교사
〈한자 암기 박사〉
〈국가대표 한자〉 저자.
〈마법의 상위권 어휘〉 감수 위원.

상위권 도약의 비결,
바로 언어 사고력을 키워 주는 어휘 학습!

상 담을 위해 저를 찾은 학부모님들 중에는 이런 말씀을 하시는 분들이 참 많습니다. 1, 2학년 때만 해도 상위권을 유지하던 아이인데, 학년이 올라가니까 성적이 떨어지고, 공부도 싫어한다는 겁니다. 이런 아이들을 살펴보면, 학습지나 문제집에서 많이 보았던 문제는 잘 풀지만, 조금만 낯선 유형의 문제가 나와도 당황하여 포기하고 말지요. 학년이 올라갈수록 공부는 점점 더 어려워집니다. 어려운 개념도 많이 등장하고, 응용력과 사고력을 요구하는 다양한 유형의 문제들이 많이 나옵니다. 하지만 단순 반복적인 학습지, 그대로 떠먹여 주는 공부법에 익숙해지면, 시험 문제를 풀 때도 머리로 생각하기보다 습관처럼 손이 먼저 움직이기 마련입니다. 당연히 낯선 지문, 낯선 유형의 문제에는 손이 가지 않겠지요.

이 세상의 지문과 문제를 모두 풀어 볼 수는 없습니다. 그래서 새로운 지문과 문제가 나왔을 때 배우지 않고도 짐작할 수 있는 추론 능력이 필요합니다. 〈마법의 상위권 어휘〉에서는 지문을 읽으면서 어휘의 뜻을 유추하는 훈련을 하고, 어휘를 낱글자별로 뜯어서 분석하는 훈련을 합니다. 이러한 유추와 분석의 과정을 거쳐서 자연스럽게 추론 능력이 생기게 되지요. 이는 오랜 현장 경험을 통해 효과를 검증받은 학습법이기도 합니다. 또 모든 과정이 재미있게 진행되므로 아이들이 싫증 내지 않고 공부할 수 있습니다.

〈마법의 상위권 어휘〉는 상위권 도약을 꿈꾸는 아이들과 학부모들을 위해 마련된 프로그램입니다. 이 책을 만나는 모든 어린이들이 뛰어난 어휘력과 추론 능력을 갖추고 상위권으로 도약하는 기쁨을 맛보기 바랍니다.

김명옥 한국학습저력개발원 원장
〈평생성적, 초등 4학년에 결정된다〉,
〈아이의 장점에 집중하라〉 저자.
〈마법의 상위권 어휘〉 기획 자문 위원.

> 66
> 어휘 학습으로
> 언어 사고력을
> 키워 주세요.
> 99

학습 방법론

언어 사고력을 키우는
VIVA 학습법을 공개합니다!

∾ 상위권으로 가는 마법의 학습법 ∾

Vision 상상

재미있는 이야기 속에서 어휘의 뜻을
상상합니다.

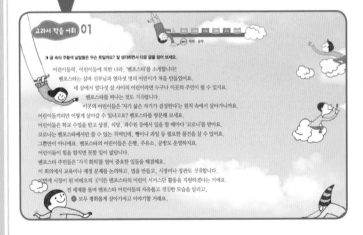

이야기로 익힌다!

- 재미있는 이야기로 공부 부담을 줄입니다.
- 이야기 속에서 어휘의 뜻을 상상하며 유추의 힘을 키웁니다.
- 이야기 속에서 상상한 뜻을 맛보기 문제를 풀며 확인합니다.

Insight 통찰

낱글자 풀이를 보며
어휘의 구성 원리를 터득합니다.

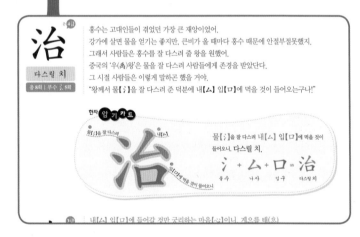

저절로 외워진다!

- 초등학교 학습 어휘의 90퍼센트 이상은 한자 어휘이며,
  한자 어휘는 한자가 둘 이상 모인 복합어입니다.
- 어휘 속에 들어 있는 한자의 뜻만 알아도 어휘 뜻이 술술 풀립니다.
  낱글자 풀이를 보며 어휘의 뜻을 파악하면서, 어휘의 구성 원리도
  터득합니다.
- 한자 학습서의 베스트셀러 〈한자 암기박사〉의 학습법을 적용,
  이야기를 읽다 보면 한자가 저절로 외워집니다.

"엄마를 놀라게 하는 학습지!"

Variety 확장

하나를 알면 열을 알듯이, 중심 어휘와 관련된
어휘들을 꼬리에 꼬리를 물듯 배웁니다.

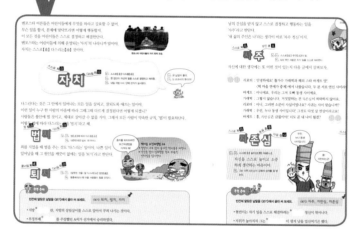

어휘가 꼬리를 문다!

- 같은 한자가 쓰인 여러 어휘들을 꼬리를 물고 배웁니다.
- 이미 배운 대표 어휘와 같은 주제의 여러 어휘들을 꼬리를 물고 배웁니다.

Application 활용

재미있는 게임형 문제로 어휘 활용
능력을 키웁니다.

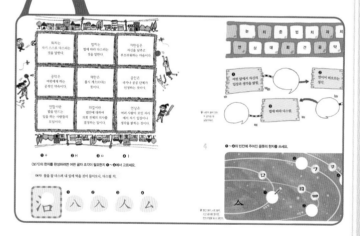

재미있게 공부한다!

- 머리를 자극하는 게임형 문제를 풀다 보면 어휘력이 쑥쑥 자라납니다.
- 친근하고 재미있는 떡 캐릭터와 함께 공부의 즐거움을 느낄 수 있습니다.

마법의 상위권 어휘 무엇을 배울까요?

초등학교 4단계 학습 내용

4-1단계

호	교과서 학습 어휘		한자	연계교과
제 1 호	01	지도	圖(6급)	사회 / 국어
		방위	方(7급)	
	02	축척	縮(4급)	
		등고선	線(6급)	
제 2 호	01	변	邊(준4급)	수학 / 과학
		월등	等(6급)	
	02	수평	衡(준3급)	
		평행	平(7급)	
제 3 호	01	풍화	風(6급)	과학 / 국어
		침식	浸(준3급)	
	02	운반	運(6급)	
		예리	銳(3급)	
제 4 호	01	기온	氣(7급)	사회 / 과학
		예보	豫(4급)	
	02	관측	觀(5급)	
		탐사	探(4급)	

초등학교 **4** 단계 학습 내용

〈마법의 상위권 어휘〉는 전체 **5** 단계 **10** 권으로 구성되어 있습니다.
초등학교 4단계에서는 초등학교 중·고학년 어린이가 꼭 알아야 할
중요 어휘들을 공부할 수 있습니다.

4-2단계

호	교과서 학습 어휘		한자	연계교과
제 **1** 호	01	자치	治(준4급)	사회 / 도덕
		공약	約(5급)	
	02	의회	會(6급)	
		연합	合(6급)	
제 **2** 호	01	온난화	溫(6급)	과학 / 수학
		방지	防(준4급)	
	02	부피	固(5급)	
		질량	質(5급)	
제 **3** 호	01	떡잎	雙(준3급)	과학 / 국어
		종자	種(5급)	
	02	순환	環(4급)	
		민물	淡(준3급)	
제 **4** 호	01	조형	造(준4급)	미술 / 음악
		조소	彫(2급)	
	02	장단	調(5급)	
		타령	竝(3급)	

마법의 상위권 어휘 이렇게 공부하세요!

지문 읽기

글을 읽으면서 주황색으로 된 낱말의
뜻은 무엇인지 머릿속에 그려 보세요.
낱말의 뜻은 글 속에서 익혀야
정확하게 알고 오래 기억할 수 있답니다.

맛보기

지문에 나온 주황색 낱말 중 하나를
골라 빈칸에 답을 써 보세요.
한 번만 써 보아도 어휘를 내 것으로
만드는 데 큰 도움이 됩니다.

돋보기

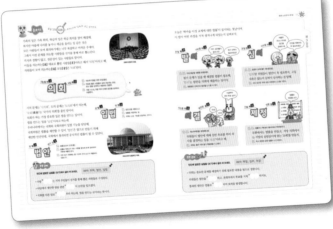

왼쪽 상단의 박스 속에 든 대표 어휘의
뜻을 먼저 익히세요.
한자와 낱글자 풀이를 꼼꼼히 읽으면
쉽게 뜻을 알 수 있어요.

다지기

글을 따라 읽으며 확장 어휘에는
무엇이 있는지 익혀 보세요.
다 읽은 다음, 쏙쏙 문제를 풀면
머릿속에 어휘들이 쏙쏙 들어올
거예요.

한자가 술술

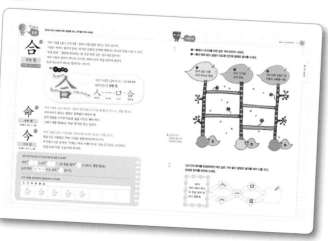

한자에 담긴 글자 원리를 읽고,
암기카드 속 문장을 노래하듯 외우며
빈칸을 채우고 한자도 써 보세요.

다지기

공부한 내용을 기억하기 쉽도록
재미있는 문제로 만들었어요.
실력도 다지고, 재미있게 학습을
마무리해요.

● 각 호는 1주일, 각 권은 1개월 단위의 학습량으로 구성되어 있습니다. 일주일에 한 호씩, 한 달이면 나도 상위권 어휘력을 가질 수 있어요.

도전! 어휘왕

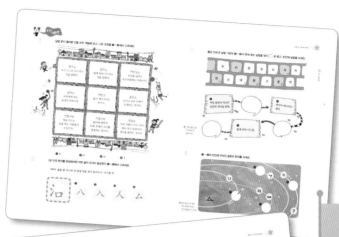

재미있는 게임형 문제를 풀며 어휘력을
키울 수 있어요.
사다리, 미로, 색칠하기, 선긋기 등
다양한 활동으로 재미있게 공부해 봐요.

평가 문제

학교 시험 문제와 유사한 유형의
문제를 풀어 볼 차례입니다.
어휘력으로 학교 공부를 잡는다는 말,
여기에서 실감해 보세요!

어휘랑 놀자!

01
 름답고  금한 우리말 야기

02
 슷해서 리기 쉬운 말 교해서 리지 말자

03
 래어로 배우는  드 라 고요!

교과서에 나오는 순우리말과 속담, 관용어를
만화로 재미있게 익혀 보세요.

또래 친구들이 실제로 쓴 글을 보고 틀리기 쉬운 말을
바르게 구분하여 익혀 보세요.

교과서에 나오는 외래어를 이용, 초등학교에서
꼭 알아야 할 영단어를 익혀 보세요.

마법의 상위권 어휘
떡 친구들을 소개합니다!

애들아, 안녕?

반가워.
나는 쑥을 넣어 만든
말랑말랑한 떡이야.

향긋

얘는 내가 기르는 개,
떡구!

개떡이라 개가
잘 따르는구나.

까하하

내 이름은 쑥개떡,
가끔 개떡이라고도 불러.

나는 꿀물을 가득 담고 있는
꿀떡이야.

흥, 시루떡 너야말로
사각에다 피부도 안 좋잖아!

무슨 소리, 이게 얼마나
몸에 좋고 맛좋은 팥고물인데,
한번 드셔 보실래요?

깍!
됐거든!!

어허, 먹는 걸 그렇게
함부로 버리는 게 아니지!

그럼,
그럼!

쑥떡 할아버지,
인절미 할머니!

시루떡이 얼마나 잘생기고
맛좋은 떡인지
아는 사람은 다 안다니까!

인절미 할머니!

역시 제겐 인절미 할머니밖에
없어요!!

흐억!

후닥~

잠깐!
네 팥고물이 묻으면
지저분해지니까
좀 떨어져 있으라고.

지저분?

초등 **4-2** 단계

어휘를 알아야 만점을 잡는다!

스토리텔링식 신교과서 학습을 위한

마법의 상위권 어휘

제 **1** 호

어휘가 쑥쑥 자라요.

부모님과 선생님께서는 이렇게 지도해 주세요

제 **1** 일차	제 **2** 일차	제 **3** 일차	제 **4** 일차	제 **5** 일차
벤포스타 이야기를 읽고, 대표 어휘 '자치'의 뜻과 한자 '治'를 익힙니다. '자치'에서 확장된 여러 낱말의 뜻을 스스로 추론해 보도록 지도해 주세요.	대표 어휘 '공약'의 뜻과 한자 '約'을 익히고, 관계있는 낱말도 함께 익힙니다. 다지기 문제를 풀어 보고, '개발'의 뜻과 쓰임도 익히도록 해 주세요.	건물 이름에 관한 이야기를 읽고, 대표 어휘 '의회'의 뜻과 한자 '會'를 익힙니다. '의회'에서 확장된 여러 낱말의 뜻을 스스로 추론해 보도록 지도해 주세요.	대표 어휘 '연합'의 뜻과 한자 '合'을 익히고, 관계있는 낱말도 익힙니다. 다지기 문제를 풀어 보고, '베다'와 '배다'를 구별하여 쓸 수 있도록 해 주세요.	재미있는 게임 문제와 학교 시험 유형의 평가 문제를 풀며 어휘 실력을 다집니다. '라디오(radio)'와 구성 원리가 비슷한 영단어들도 함께 익히도록 해 주세요.

이런 내용을 배워요!

어린이가 주인인 나라, 벤포스타 이야기예요.
이곳에선 어린이들의 진정한 자립과 자치가
이루어진답니다. 벤포스타의 시장으로 당선된
마테오의 공약도 들어 볼까요?

어휘랑 놀자 1

아름답고 **구**금한 우리말 **이**야기

괴발개발

제 **1** 일차

교과서 학습 어휘 01

맛보기

돋보기1

한자가 술술

다지기

자치

법치 퇴치 자주 자존심
자만심

제 **2** 일차

돋보기2

한자가 술술

다지기

공약

공개 공평 공인 공청회
공약 공간 공상 진공

治

怠

約

的

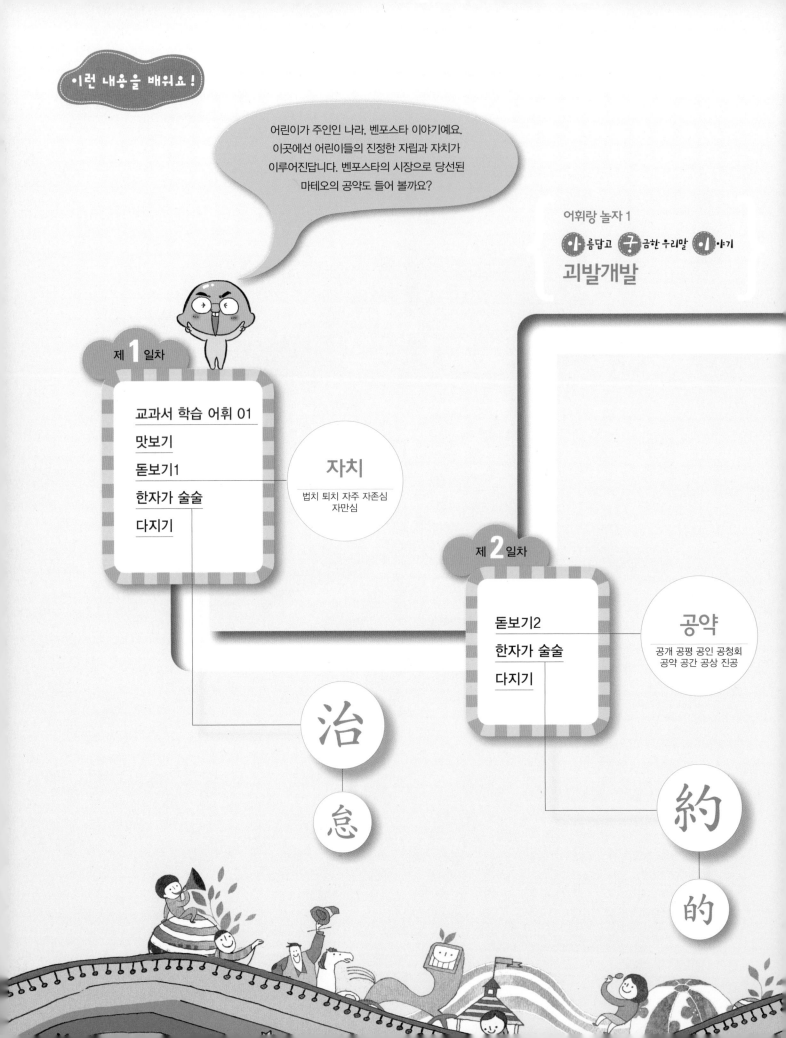

유럽에서는 건물 이름 때문에 골치를 앓고 있다고 해요. 새로 지은 유럽 연합 의회 건물 이름을 짓는 문제를 놓고 여러 나라가 신경전을 벌이고 있기 때문이지요.

제 3 일차

교과서 학습 어휘 02
맛보기
돋보기1
한자가 술술
다지기

의회
입법 법안 발의 심의 의결 제정

연합
연맹 연상 관련 조합 화합 혼합 적합

會

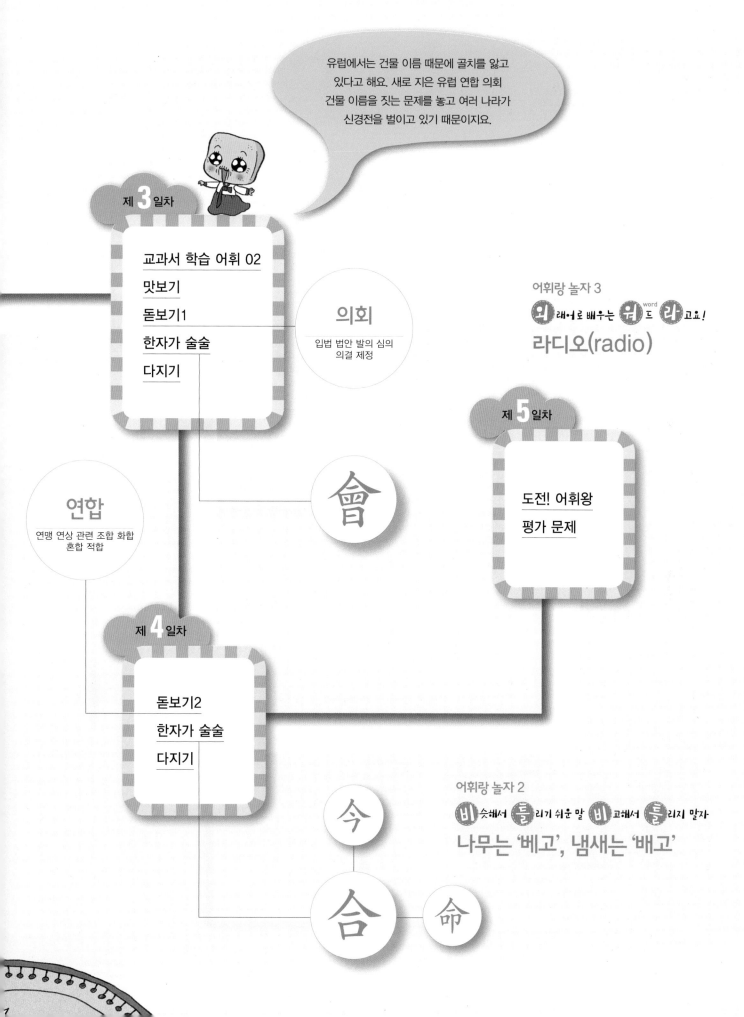

제 5 일차

도전! 어휘왕
평가 문제

제 4 일차

돋보기2
한자가 술술
다지기

令

合 命

◑ 글 속의 주황색 낱말들은 무슨 뜻일까요? 잘 생각하면서 다음 글을 읽어 보세요.

어린이들의, 어린이들에 의한 나라, '벤포스타'를 소개합니다!

벤포스타는 실바 신부님과 열다섯 명의 어린이가 처음 만들었어요.

네 살에서 열다섯 살 사이의 어린이라면 누구나 이곳의 주민이 될 수 있지요.

벤포스타를 떠나는 것도 자유랍니다.

이곳의 어린이들은 '자기 삶은 자기가 결정한다'는 원칙 속에서 살아가니까요.

어린이들끼리만 어떻게 살아갈 수 있냐고요? 벤포스타를 방문해 보세요.

어린이들은 학교 수업을 받고 상점, 식당, 과수원 등에서 일을 할 때마다 '코로나'를 받아요.

코로나는 벤포스타에서만 쓸 수 있는 화폐인데, 빵이나 과일 등 필요한 물건을 살 수 있어요.

그뿐만이 아니에요. 벤포스타의 어린이들은 은행, 주유소, 공방도 운영하지요.

어린이들이 힘을 합치면 못할 일이 없답니다.

벤포스타 주민들은 '자치 회의'를 열어 중요한 일들을 해결해요.

이 회의에서 교육이나 재정 문제를 논의하고, 법을 만들고, 시장이나 장관도 선출합니다.

이번에 시장이 된 마테오의 공약은 벤포스타의 어린이 서커스단 활동을 지원하겠다는 거예요.

전 세계를 돌며 벤포스타 어린이들의 자유롭고 평등한 모습을 알리고,

모두 평화롭게 살아가자고 이야기할 거래요.

맛보기

◑ 빈칸에 알맞은 낱말을 왼쪽 글의
주황색 낱말 중에서 찾아 써 보세요.
잘 모를 땐 💡를 보거나, ❶~❸에서 골라 쓰세요.

1 벤포스타 어린이들은 '코로나'라는 화 폐 를 사용합니다.

💡 경제생활의 기본 단위인 '돈'을 가리키는 말이에요.

❶ 화가 　　　　 ❷ 화로 　　　　 ❸ 화폐

2 사람은 누구나 　　　　 롭게 살아갈 권리가 있어요.

💡 무엇에 얽매이지 않고 자기가 원하는 대로 행동하는 것을 말해요.

❶ 우유 　　　　 ❷ 석유 　　　　 ❸ 자유

3 남자와 여자는 　　　　 한 존재입니다.

💡 모두가 공평하게 권리를 누리고, 의무를 다하는 것이에요.

❶ 평등 　　　　 ❷ 전등 　　　　 ❸ 우등

4 대통령 선거에 출마한 후보가 내세운 　　　　 이 화제입니다.

💡 어떤 일을 실행하겠다고 많은 사람 앞에서 약속하는 거예요.

❶ 공약 　　　　 ❷ 알약 　　　　 ❸ 보약

5 마테오는 선거에서 투표를 통해 　　　　 된 시장이에요.

💡 여럿 가운데서 하나를 뽑는다는 뜻이에요.

❶ 노출 　　　　 ❷ 선출 　　　　 ❸ 일출

6 벤포스타 주민들은 '　　　　 회의'를 열어
중요한 일들을 해결해요.

💡 자기 일을 스스로 다스린다는 뜻이에요.

❶ 자치 　　　　 ❷ 자동 　　　　 ❸ 자랑

벤포스타 어른들은 어린이들에게 무엇을 하라고 강요할 수 없어.
무슨 일을 할지, 문제에 맞닥뜨리면 어떻게 행동할지,
이 모든 것을 어린이들은 스스로 결정하고 해결한단다.
벤포스타는 어린이들에 의해 운영되는 '자치'의 나라니까 말이야.
자치는 스스로【自】 다스리는【治】 것이야.

벤포스타 어린이들의 자치 회의 모습.

스스로 자 自 · 다스릴 치 治

자치

낱 스스로【自】 다스림【治】.
교 한 집단이 자신의 일을 스스로 결정하고 처리함.
예 내일 지방 자치 단체 선거가 실시된다.

낱 은 낱글자 풀이,
교 는 교과서의 뜻이야!

다스린다는 것은 그 안에서 일어나는 모든 일을 살피고, 잘되도록 애쓰는 일이야.
이런 일이 누구 한 사람의 마음에 따라 그때그때 다르게 결정된다면 어떻게 되겠니?
사람들은 불안에 떨 것이고, 제대로 살아갈 수 없을 거야. 그래서 모든 사람이 약속한 규칙, '법'이 필요하단다.
이렇듯 법에 따라 다스리는 것을 '법치'라고 해.

법 法 · 다스릴 치 治

법치

낱 교 법【法】에 따라 다스림【治】.
예 대한민국은 법치 국가이다.

죄를 지었을 때 벌을 주는 것도 '다스리는' 일이야. 나쁜 일이
일어났을 때 그 원인을 깨끗이 없애는 일을 '퇴치'라고 한단다.

물리칠 퇴 退 · 다스릴 치 治

퇴치

낱 교 (잘못된 것을) 잘 다스려【治】 없앰【退】.
예 병충해 퇴치에 마을 사람들이 힘을 모았다.

충치를 퇴치하려면
보건위생법을
지켜야 해!

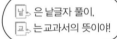

떡 마을 보건위생법 3조
• 설탕이 너무 많이 들어간 떡고물은 피한다.
• 단것을 많이 섭취했을 경우 30분간
  양치질을 실시한다.

 쏙쏙 문제

빈칸에 알맞은 낱말을 〈보기〉에서 골라 써 보세요.   〈보기〉 퇴치, 법치, 자치

• 지방 ❶ ⬭⬭ 란, 지방의 살림살이를 스스로 알아서 꾸려 나가는 것이다.

• 부정부패 ❷ ⬭⬭ 를 주장했던 A씨가 선거에서 승리하였다.

• 오늘날에는 대부분의 나라들이 법에 따라 나라를 다스리는 ❸ ⬭⬭ 주의를 채택하고 있다.

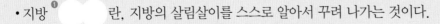

남의 간섭을 받지 않고 스스로 결정하고 행동하는 일을
'자주'라고 한단다.
'내 삶의 주인은 나'라는 생각이 바로 '자주 정신'이지.

스스로 자 自   주인 주 主

낱·교 스스로【自】 주인【主】이 됨.
예 자주적인 사람은 자기 일을 스스로 처리한다.

자신에 대한 생각에는 또 어떤 것이 있는지 다음 글에서 살펴보자.

리포터 : 안녕하세요! 톱가수 가래떡과 해외 스타 바게트 양!
　　　　〈떡 마을 연예가 중계〉에서 나왔습니다. 두 분 서로 연인 사이라면서요?
바게트 : 아니에요. 우리는 그저 오빠 동생 사이예요.
가래떡 : 그렇지 않습니다. 거짓말하는 건 자존심이 허락하지 않아요.
리포터 : 아니, 그러면 소문이 사실이었나요? 사귀는 사이 맞습니까?
가래떡 : 우린, 누나 동생 사이입니다! 그것도 다섯 살 연상이라고요!
바게트 : 흥, 자만심은 금물이야! 너도 곧 내 나이 될걸?

스스로 자 自   높을 존 尊   마음 심 心

스스로 자 自   거만할 만 慢   마음 심 心

낱·교 스스로【自】 높이는【尊】 마음【心】.
자신을 스스로 높이고 소중하게 생각하는 마음이야.
예 그는 너무 자존심이 강해서 상처를 잘 받는다.

낱·교 스스로【自】 거만한【慢】 마음【心】.
자신을 높이는 것이 지나쳐, 스스로 자랑하고 뽐내는 마음이야.
예 오빠는 자만심에 사로잡혔다.

 쏙쏙 문제

빈칸에 알맞은 낱말을 〈보기〉에서 골라 써 보세요.　　〈보기〉 자주, 자만심, 자존심

• 현빈이는 자기 일을 스스로 해결하려는 ❶　　　　정신이 뛰어나다.
• 지위가 높아지자 그는 ❷　　　　이 생겨 남을 업신여기곤 했다.
• 먼저 사과하는 건 ❸　　　　이 상하는 것 같지만, 그래도 참기로 했다.

治 ^{준4급}

다스릴 치

총 8획 | 부수 氵 5획

홍수는 고대인들이 겪었던 가장 큰 재앙이었어.

강가에 살면 물을 얻기는 좋지만, 큰비가 올 때마다 홍수 때문에 안절부절못했지.

그래서 사람들은 홍수를 잘 다스려 줄 왕을 원했어.

중국의 '우(禹)왕'은 물을 잘 다스려 사람들에게 존경을 받았단다.

그 시절 사람들은 이렇게 말하곤 했을 거야.

"왕께서 물【氵】을 잘 다스려 준 덕분에 내【厶】 입【口】에 먹을 것이 들어오는구나!"

한자 **암 기 카 드**

① 물【氵】을 잘 다스려

② 내【厶】

③ 입【口】에 먹을 것이 들어오니

물【氵】을 잘 다스려 내【厶】 입【口】에 먹을 것이 들어오니, 다스릴 치.

氵 + 厶 + 口 = 治

물 수 나 사 입 구 다스릴 치

怠 ^{3급}

게으를 태

총 9획 | 부수 心, 5획

내【厶】 입【口】에 들어갈 것만 궁리하는 마음【心】이니, 게으를 태(怠).

게으른 사람들은 늘 빈둥거리며

먹고 자고 노는 일만 생각해.

가족을 위해 열심히 일할 생각은 않고 말이야.

이런 사람들은 자기【厶】 입【口】에 들어갈 것만

생각할【心】 뿐, 다른 사람은 안중에도 없단다.

게으를 태 怠   게으를 만 慢

태 만

낱교 몹시 게으름【怠慢】.

예 그는 근무 태만으로 직장에서 해고되었다.

'한자 암기카드'를 보고 빈칸에 들어갈 말을 써 보세요.

① ○ 【氵】을 잘 다스려 ② ○ 【厶】 ③ ○ 【口】에 먹을 것이 들어오니, 다스릴 치(治).

治의 뜻은 <u>다 스 리 다</u> 이고, 음은 ④ ○ 입니다.

- -

治의 어원을 생각하면서 필순에 따라 써 보세요.

治 治 治 治 治 治 治 治						
治	治	治	治	治		

제 **1** 일 차

1 자동차에서 ❶~❸으로 이어진 길을 따라가면 두 글자로 된 낱말이 완성됩니다.
그 낱말을 알맞은 뜻과 이으세요.

💡 완성된 세 낱말은
자치, 자주, 자만
입니다.

○
스스로
주인이 됨.

○
자신을 높이는 것이
지나쳐 스스로
뽐내고 자랑함.

○
자기 스스로
다스림.

2 왼쪽에 음뜻이 주어진 한자를 오른쪽 빈칸에 쓰세요.

물을 잘 다스려 내 입에 먹을 것이 들어오니, 다스릴 치.

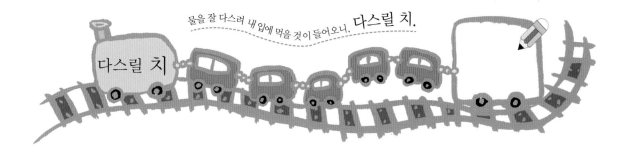

다스릴 치

우리도 결혼해서 몽골에 갈까요?

흥! 내가 거길 왜 가요?

"자녀를 많이 낳은 어머니에게는 훈장과 연금을 드리겠습니다."
이것은 몽골 정부가 국민에게 한 '공약'이란다.
몽골처럼 인구가 적은 나라에서는 아이를 낳은 사람에게
혜택을 주겠다는 약속을 하는 경우가 많지.
이처럼 공적【公】인 자리에서 여럿에게 한 약속【約】을 '공약'이라고 해.

여럿 공 公 / 약속할 약 約

공약

[낱] 여럿에게 하는 공적【公】인 약속【約】.

[교] 정부나 정당, 선거의 입후보자 등이 국민에게 한 약속.

[예] 후보들은 저마다 자신의 공약이 최고라고 주장했다.

반 친구들에게 '제가 회장이 되면 무엇을 어찌하겠습니다.'와 같이 말한 약속이 공약이야.
공약은 모든 사람을 향한 약속이기 때문에 공개적이고 공평해야 한단다.

여럿 공 公 / 열 개 開

공개

[낱][교] 여럿【公】에게 알림【開】.

여러 사람에게 널리 알리는 것이지.

[예] 그는 새로 알게 된 사실을 공개했다.

공정할 공 公 / 평평할 평 平

공평

[낱][교] 공정【公】하여 치우치지 않음【平】.

어느 한쪽으로 치우치지 않고 공정한 걸 '공평'이라고 해.

[예] 그 판결은 매우 공평하다.

관청 공 公 / 인정할 인 認

공인

[낱][교] 공공 기관【公】이 인정【認】함.

공공 기관이 좋다고 인정하는 것을 '공인'이라고 해.

[예] 이것은 공인된 세계 기록이다.

자, 백설기의 남자 친구 모습을 공개하지!

콩설기와 건포도설기!

까악! 전 점 많은 남자는 질색이라고요!

공인된 꽃미남들인데?

쏙쏙 문제

빈칸에 알맞은 낱말을 〈보기〉에서 골라 써 보세요.   〈보기〉 공약, 공평, 공개

• 가래떡 후보는 물가 안정을 최우선 ❶ ⬜⬜ 으로 내세웠다.

• 두 사람은 서로 연인임을 ❷ ⬜⬜ 적으로 인정했다.

• 이 떡을 두 사람에게 ❸ ⬜⬜ 하게 나누어 주세요.

중요한 정책이나 법률에 대해서는 '공청회'를 열어
많은 사람들의 다양한 의견을 듣는단다.

여럿 공 公　　들을 청 聽　　모일 회 會

낱 교 여럿【公】의 의견을 듣는【聽】 모임【會】.
예 정부는 개정 교육법에 대한 공청회를 열었다.

제 의견 좀
들어 주세요.

예산안에 대한 공청회 모습.

그런데 공약의 내용이 다음과 같다면 어떨까?
"대통령이 되면, 전국에 풍력 발전소를 500만 대 설치하여 석유 부족 문제를 해결하겠습니다."
"주지사가 되면, 성형 수술 세금을 따로 걷어 모든 사람을 미남 미녀로 만들겠습니다."

이런 약속이 제대로 지켜질 수 있을까?
아마 어려울 거야. 재미있는 생각이지만
누구도 이런 공약이 실현되리라고는 믿지 않지.
이들은 '공약(空約)', 즉 헛된 약속이야.
'공(空)'은 텅 비어 아무것도 없다는 뜻이야. 그래서 빈껍데기, 헛된 것을 뜻한단다. 다음 낱말들을 보자.

헛될 공 空　　약속할 약 約

낱 교 헛된【空】 약속【約】.
예 지키지 않은 공약(公約)은 공약(空約)이다.

빌 공 空　　사이 간 間

낱 교 비어【空】 있는 틈새【間】.

'공간'은 비어 있는 장소나 틈
새를 말해. 어떤 장소나 범위를
가리킬 때 쓰는 말이지.

예 이곳은 공간이 꽤 넓구나!

헛될 공 空　　생각할 상 想

낱 교 헛된【空】 생각【想】.

실제로 이루어지지 않을 일을 막
연히 떠올리는 것이야. 이런 생
각을 '공상'이라고 하지.

예 쓸데없는 공상에 빠져 있다.

참 진 眞　　빌 공 空

낱 교 진실로【眞】 비어 있음【空】.

아무것도 없이 비어 있는 공간
을 '진공'이라고 해.

예 진공청소기는 공기가 거의 없어 압력이 높아
지는 원리를 이용한다.

쏙쏙 문제

안의 두 낱말 중 주어진 문장에 알맞은 낱말을 골라 ◯표 하세요.

• 가래떡은 자타가 공인 ❶ 공약 하는 떡 마을 최고의 가수이다.

• 정부에서는 새로 바뀔 법률이 시행되기 전 방청회 ❷ 공청회 를 열기로 했다.

• 그 후보의 공약은 대부분 실현 불가능한 公約 ❸ 空約 일 뿐이었다.

한자의 뜻과 유래에 대한 설명을 읽고, 한자를 익혀 보세요.

約 (5급)

묶을, 약속할 약

총 9획 | 부수 糸, 3획

실로 매듭을 지어 약속한다는 뜻에서 나온 글자야.
아주 오랜 옛날에는 실로 매듭을 지어 글자 대신 쓰기도 했어.
매듭 모양이나 묶은 횟수 등을 달리하여 사람이나
가축의 수, 날짜 같은 것을 표시했지. 이 모양은 숫자 1,
저 모양은 몇 월 며칠, 이런 식으로 말이야. 실【糸】로
싸매어【勹】묶은 매듭【丶】은 사람들 사이의 약속이었단다.

고대 페루 지방에서 쓰였던 매듭 문자.

 한자 암기카드

① 실【糸】로
② 싸매어【勹】
③ 묶어【丶】약속하니

실【糸】로 싸매어【勹】묶어【丶】약속하니,
묶을 약, 약속할 약.

糸 + 勹 + 丶 = 約
실 사　쌀 포　점 주　묶을 약, 약속할 약

的 (5급)

과녁, 맞힐 적

총 8획 | 부수 白, 3획

하얗게【白】싼【勹】과녁의 가운데【丶】를 맞히니, 과녁 적, 맞힐 적(的).
과녁을 자세히 보면, 점수가 높은 가운데 원을 중심으로
바깥쪽은 파랗고 빨간 색이지.
가장 바깥쪽은 흰색을 둘러 칠한단다.
그래야 가운데 원이 잘 보이고, 주위 풍경과 구분되기 때문이야.
과녁을 '표적(標的)'이라고 해. 목표로 노리는 물건이라는 뜻이야.
표적의 한가운데를 맞히는 것은 '적중(的中)'이라고 하지.

ⓒ대한양궁협회
과녁을 향해 활을 쏘는 모습.

'한자 암기카드'를 보고 빈칸에 들어갈 말을 써 보세요.

① 〇【糸】로 ② 〇〇〇〇【勹】 ③ 〇〇〇【丶】약속하니, 묶을 약, 약속할 약(約).

約의 뜻은 묶 다 , 약 속 하 다 이고, 음은 ④ 〇 입니다.

約의 어원을 생각하면서 필순에 따라 써 보세요.

約 約 約 約 約 約 約 約 約							
約	約	約	約	約			

1

❶～❹의 뜻을 가진 낱말이 되도록 거미 등의 빈칸에 알맞은 글자를 쓰세요.

2

주어진 문장 속에서 '약(約)'의 두 가지 뜻을 찾아 ◯표 하고, 빈칸에 뜻을 각각 쓰세요.

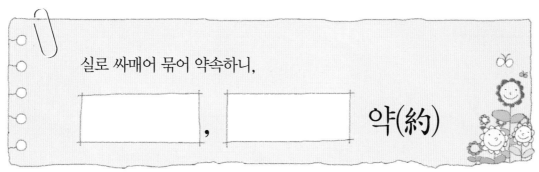

괴발개발

오늘은 어머니와 함께하는 붓글씨 대회날!!

제 561차 붓글씨 대회

그래, 떡봉아. 그사이 붓글씨 연습은 많이 했느냐?

네!

보셔요, 그동안 연습한 종이가 산을 이루옵니다!

나 또한 떡 썰기 연습을 한 가래떡이 태산이다!

푸훗! 가래떡 모양이 삐뚤빼뚤~ 누가 베어 먹다 만 모양이군요.

보아라, 너 또한 네가 연습한 글씨들을!!

쯧쯧, 완전 괴발개발이군. 이게 글씬지, 그림인지.

괴발개발? 보통 개발새발이라고 하지 않나요?

개발새발은 잘못된 표현으로 표준말이 아니란다.

괴는 옛날 말로 '고양이'란 뜻, 개는 개!

즉, 흙이 묻은 고양이와 개의 발자국처럼 아무렇게나 찍어 놓은 것 같은 글씨를 보고 '괴발개발'이라고 하지.

자, 이제 불을 끌 테니 넌 글씨를 쓰거라. 난 떡을 써마.

휙
따다닥
휘릭
따닥

그만!

팟

어디 보자, 얼마나 붓글씨 솜씨가 향상되었나?

세상에 이럴 수가!

과연~
명필 중의 명필이로고!

어머니 떡 썰기 솜씨도 대단하시옵니다!!

괴발개발

○ 글 속의 주황색 낱말들은 무슨 뜻일까요? 잘 생각하면서 다음 글을 읽어 보세요.

프랑스 파리 하면 대부분 에펠 탑을 떠올립니다.

에펠 탑의 이름은 이 탑을 설계한 건축가 구스타브 에펠에서 따온 것이에요.

드골 공항이나 국립 미술관이 있는 퐁피두 센터 역시

프랑스의 유명한 대통령 이름에서 따왔지요.

프랑스뿐만 아니라 유럽 곳곳에는 이처럼 사람 이름을 붙인 건물이 많아요.

그런데 요즘 유럽은 건물 이름 때문에 골치를 앓고 있다고 해요.

새로 지은 유럽 연합 의회 건물의 이름 때문에

여러 나라가 신경전을 벌이고 있기 때문입니다.

유럽 연합 의회는 우리나라의 국회와 같은 곳이에요.

유럽을 대표하는 의회 건물이니만큼,

나라들마다 자기네 나라와 관계있는 이름을 붙이려고 하는 거지요.

영국은 마거릿 대처 전 수상을, 폴란드는 요한 바오로 2세 전 교황을 내세우는 등

여러 나라가 팽팽하게 대립하고 있어요.

그러다 보니 이름을 결정하지 못해서 이 건물들을 D-4 빌딩, D-5 빌딩 등으로

부르고 있다고 해요. 최근엔 여성의 이름을 붙여야 한다는 주장까지 나오고 있는 만큼,

건물들의 이름이 결정되려면 시간이 더 필요할 것 같습니다.

맛보기

● 빈칸에 알맞은 낱말을 왼쪽 글의 주황색 낱말 중에서 찾아 써 보세요.
잘 모를 땐 💡 를 보거나, ❶~❸에서 골라 쓰세요.

1 의견이나 생각이 서로 `대 립` 하면 충돌이 생기고 싸움이 나기 쉬워요.

💡 서로 다른 둘이 마주 대하여 서 있다는 뜻입니다. 어느 쪽도 숙이지 않고 말이지요.

❶ 대장   ❷ 대립   ❸ 대구

2 유럽 연합에서 우리나라의 국회와 같은 역할을 하는 곳은 유럽 연합   입니다.

💡 국회는 나랏일을 의논하는 의원들의 모임이에요.

❶ 대회   ❷ 상회   ❸ 의회

3 'UN(United Nations)'은 국제   이란 말로, 세계에서 가장 큰 국제기구입니다.

💡 둘 이상이 서로 이어져 하나로 합친다는 뜻이에요.

❶ 연합   ❷ 연출   ❸ 연상

4 서로 말이나 행동으로 상대방을 자극하며 싸우는 일이   이에요.

💡 주로 경쟁 관계에 있는 사람이나 단체가 이처럼 '신경 쓰이는' 싸움을 하게 되지요.

❶ 개인전   ❷ 공중전   ❸ 신경전

5 자기 의견이나 생각을 내세우는 것을   이라고 해요.

💡 상대방에게 자기 의견을 내세워 설득시키려는 것이에요.

❶ 주장   ❷ 간장   ❸ 공장

6 건물을 짓거나 큰일을 시작할 때 계획을 세우는 것을   라고 해요.

💡 공사를 하거나 건물을 지을 때는 설계도가 꼭 필요하지요.

❶ 중계   ❷ 설계   ❸ 비계

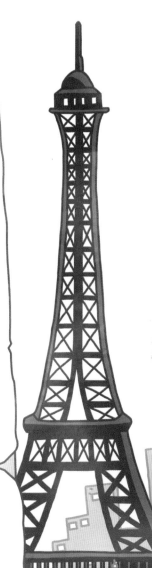

가족의 일은 가족 회의, 학급의 일은 학급 회의를 열어 해결해.
하지만 마을에 다리를 놓거나 세금을 올리는 일 같은 것은
모든 사람들이 모여 회의하기에는 너무 복잡하고 어려운 주제야.
그래서 이런 문제를 의논할 사람들을 선거를 통해 따로 뽑는단다.
지식과 경험이 많고, 전문성이 있는 사람들로 말이야.
이들을 의논하는【議】 대표로 뽑힌 사람들【員】이라고 해서 '의원'이라고 해.
의원들이 모여 의논하는【議】 모임【會】은 '의회'란다.

국회의 본회의 모습.

의논할 의議 모일 회會
의회

낱 의논하기【議】 위한 모임【會】.
교 대표로 뽑힌 사람들이 모여 의논하는 모임.
또는 법을 심의하고 제정하는 입법부.
예 지방 의회는 지방 자치 단체의 법안을 심의하고
의결한다.

시의 문제는 '시의회', 도의 문제는 '도의회'에서 의논해.
'국회(國會)'는 '국가의 의회'를 줄인 말이야.
의회가 하는 가장 중요한 일은 법을 만드는 일이야.
법을 만드는 일을 '입법'이라고 하는데,
우리나라에서는 국회와 국회의원이 입법 기능을 담당해.
국회의원은 법률을 제안할 수 있어. '법안'은 법으로 만들기 위해
제안한 안건인데, 국회에서 통과되면 공식적인 법률이 될 수 있단다.

설 립立 법 法法
입법

낱 법【法】을 세움【립】.
교 법률을 제정하는 일.
예 국회는 입법 기능을 담당하는 곳이다.

법 法法 생각 안案
법안

낱 법률【法】의 안건【案】.
교 법률로 정하고자 하는 사항을 형식에 맞게 정리하여
국회에 제출한 문서.
예 이번 정기 국회에는 총 100여 건의 법안이 제출되어
있습니다.

우리나라의 입법부인 국회.

쏙쏙 문제

빈칸에 알맞은 낱말을 〈보기〉에서 골라 써 보세요.   〈보기〉 의회, 법안, 입법

• 지방 ❶⬭⬭⬭ 는 지역 주민들이 선거를 통해 뽑은 의원들로 구성된다.

• 야당에서 제안한 방송 관련 ❷⬭⬭⬭ 이 논란을 일으켰다.

• 국회를 다른 말로 ❸⬭⬭⬭ 부라 하는데, 법을 만드는 곳이라는 뜻이다.

오늘은 '떡 마을 이성 교제에 대한 법률'이 실시되는 첫날이야.
이 법이 어떤 과정을 거쳐 생겨나게 되었는지 살펴보자.

밝힐 발 發   의논할 의 議
발의

낱·교 의논【議】할 내용을 밝힘【發】.

뭔가 문제가 있을 땐 해결할 법률이 필요해.
'발의'는 법안을 의회에 제출하는 일이야.

예 대통령은 단독으로 법안을 발의할 수 있다.

살필 심 審   의논할 의 議
심의

낱·교 꼼꼼히 살펴【審】 의논함【議】.

'심의'란 의원들이 법안이 꼭 필요한지, 고칠
내용은 없는지 살펴서 심사하는 걸 말해.

예 모든 법안은 국회 상임 위원회의 심의를 거친다.

의논할 의 議   결정할 결 決
의결

낱·교 의논하여【議】 결정함【決】.

의원들이 법안에 대해 찬반 투표를 하여 의
사를 결정하는 일을 '의결'이라고 해.

예 국회는 불우 이웃 돕기 특별법을 의결했다.

만들 제 制   정할 정 定
제정

낱·교 법률이나 제도를 만들어【制】 확정함【定】.

국회에서는 법률을 만들고, 지방 의회에서
는 지방의 살림살이에 맞는 '조례'를 만들지.

예 학교 운영에 관한 법률이 제정되었다.

쏙쏙 문제

빈칸에 알맞은 낱말을 〈보기〉에서 골라 써 보세요.   〈보기〉 제정, 심의, 의결

• 국회는 중요한 문제를 해결하기 위해 필요한 내용을 법으로 정합니다.

• 의원들은 법안을 ❶   하고, 본회의에서 투표를 거쳐 ❷   하지요.

• 통과된 법안은 법률로 ❸   되어 효력을 발생합니다.

한자의 뜻과 유래에 대한 설명을 읽고, 한자를 익혀 보세요.

會
모일 회
6급
총 13획 | 부수 曰, 9획

'우리 반 환경 미화, 어떻게 할까'라는 주제로 학급 회의가 열렸어.
반 친구들이 저마다 의견을 내놓지. 좋아하는 친구든, 싫어하는 친구든,
회의에서 내놓는 모든 의견은 귀담아들어야 해.
사람【人】이 하나【一】같이 마음의 창【罒】을 열고 말하려고【曰】 모이는 것,
이것이 바로 회의, '모일 회(會)'란 글자야.

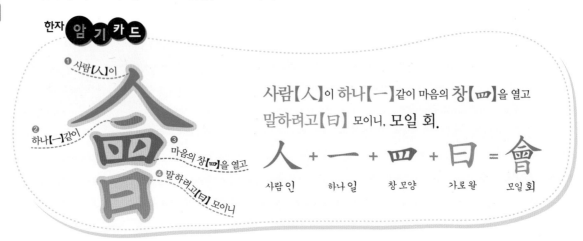

한자 암기 카드

❶ 사람【人】이
❷ 하나【一】같이
❸ 마음의 창【罒】을 열고
❹ 말하려고【曰】 모이니

사람【人】이 하나【一】같이 마음의 창【罒】을 열고
말하려고【曰】 모이니. 모일 회.

人 + 一 + 罒 + 曰 = 會
사람 인 / 하나 일 / 창 모양 / 가로 왈 / 모일 회

정치가나 유명 연예인의 기자 회견을 본 적 있지?
여러 사람이 모인 자리에서 자기 입장이나 생각을 밝히는 것을
'회견(會見)'이라고 해.

모일 회 會
의견 견 見

회견

가래떡 씨, 이번엔 바람떡과?

저희는 그저 오빠 동생일 뿐….

기자 회견

낱•교 여럿이 모인【會】 자리에서 의견【見】을 밝힘.
예 대통령의 기자 회견이 열릴 예정이다.

'한자 암기카드'를 보고 빈칸에 들어갈 말을 써 보세요.

❶ ○○【人】이 ❷ ○○【一】같이 마음의 ❸ ○【罒】을 열고 ❹ ○【曰】하려고 모이니, 모일 회(會).

會의 뜻은 모 이 다 이고, 음은 ❺ ○ 입니다.

會의 어원을 생각하면서 필순에 따라 써 보세요.

會 會 會 會 會 會 會 會 會 會 會 會 會

會　會　會　會　會

1 ❶~❻의 뜻에 맞는 낱말이 되도록 흰 접시 안에 알맞은 글자를 쓰세요.

❶ 의논할 내용을 밝힌다는 뜻으로, 의원이 법안을 공식적으로 제출함.
❷ 의논하기 위한 모임으로, 입법부를 가리키는 말.
❸ 꼼꼼히 살펴 의논한다는 뜻으로, 법안을 살피고 의논하는 일.
❹ 의논하여 결정한다는 뜻으로, 법안에 대하여 의회의 의사를 결정하는 일.
❺ 법으로 세운다는 뜻으로, 법률을 제정하는 일.
❻ 법률을 만들기 위해 제안한 안건.

💡 회, 심, 결, 입, 안
위 다섯 글자 가운데
하나를 골라 쓰세요.

2 〈보기〉의 한자를 완성하려면 어떤 글자 조각이 필요한지 ❶~❹에서 고르세요.

〈보기〉 사람이 하나같이 마음의 창을 열고 말하려고 모이니, 모일 회.

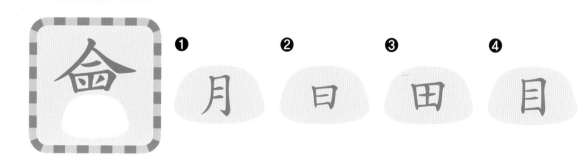

 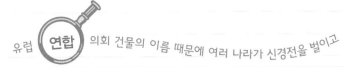

연합이란 말은 주위에서 많이 들어 보았을 거야.
환경 운동 연합, 자전거 동호회 연합 등 단체를 뜻하는 연합도 있고,
전국 연합 진단 평가처럼 모든 사람이 같은 행동을 한다는 뜻의 연합도 있어.
국제 연합은 제2차 세계 대전 후 전쟁을 막고 평화를 지키려는 의도로
여러 나라가 뜻과 힘을 모은 결과 만들어졌지.
'연합'은 생각이나 뜻이 같은 사람들끼리 하나로 합친 거야.

국기가 줄지어 게양된 국제 연합 사무국 입구.

연이을 련 聯 / 합할 합 合 / 연합

- 낱▷ (둘 이상의 것을) 연이어【聯】 합침【合】.
- 교▷ 생각이나 뜻이 같은 사람들끼리 하나로 합침.
- 예▷ 국제 연합은 2006년 현재 전 세계 192개 나라가 가입해 있다.

오늘날처럼 사람 많고 복잡한 세상에서는 저마다 자기 생각을 주장하기가 어려워.
그래서 뜻이 같은 사람이나 단체끼리 '연합'을 구성하여 한목소리를 내는 거란다.
'연합'의 '연(聯)'은 닿아 이어진다는 뜻이야. 줄줄이 꿰어 잇는다는 뜻이지.

연이을 련 聯 / 맹세할 맹 盟 / 연맹

- 낱▷교▷ 뜻을 이어 가기로【聯】 맹세한【盟】 단체.

뜻을 같이하기로 맹세한 단체를 '연맹'이라고 해. 맹세라는 말 때문인지, 끈끈한 느낌이 들지?
- 예▷ 걸 스카우트 연맹, 보이 스카우트 연맹.

연이을 련 聯 / 생각 상 想 / 연상

- 낱▷교▷ 연이어【聯】 떠오르는 생각【想】.

'연상'은 '기차' 하면 '여행'이 떠오르듯이, 하나의 생각이 연이어 다른 생각을 불러일으키는 걸 말해.
- 예▷ 설날 하면 세뱃돈과 차례상이 연상된다.

관계할 관 關 / 연이을 련 聯 / 관련

- 낱▷교▷ 서로 관계【關】를 맺어 이어짐【聯】.

'관련'은 둘 이상의 사물이나 사람, 단체 등이 서로 관계를 맺고 이어진다는 뜻이야.
- 예▷ 나는 사회 숙제를 하기 위해 지도와 관련된 책을 찾아보았다.

쏙쏙 문제

빈칸에 알맞은 낱말을 〈보기〉에서 골라 써 보세요.   〈보기〉 연합, 연상, 관련

- '크리스마스' 하면 산타클로스와 선물이 ① ◯◯ 된다.

- 그 사람은 이번 사건과 밀접한 ② ◯◯ 이 있다.

- 백제는 신라와 ③ ◯◯ 하여 고구려군에 대항하기로 하였다.

'연합'이 뜻을 같이하는 모임이라면, '조합'은 함께 돈을 내고
운영하여 이익을 내려는 목적으로 만든 모임이란다.
'합'은 하나로 합친다는 뜻이야.
다음 글에서 '합'이 쓰인 말의 뜻을 알아보자.

짤 組
합할 合 合

조합

🔲 여럿이 모여【組】 합해진【合】 모임.

🔲 둘 이상이 공동으로 돈을 투자하고 경영하기로
약속하여 만들어진 모임.

🔲 농업 협동조합, 공제 조합, 출판 협동조합.

제 4 일차

> 오늘은 백설기를 비롯하여 공주들 간의 화합을 다지기 위한 잔치가 열리는 날이에요.
> 신데렐라, 백설 공주, 인어 공주가 백설기네 집으로 찾아왔어요.
> 백설기는 준비한 음식을 내놓았어요. 쌀가루에 달걀과 우유를 혼합하여 만든 떡 케이크였지요.
> 공주들은 다이어트에 적합한 음식이라며 무척 기뻐했어요.

화할 和
합할 合 合

화합

🔲🔲 어우러져【和】 합함【合】.

서로 다른 것들이 잘 어울려
조화를 이루는 것을 말해.
사이좋게 지내는 것도 '화합'이지.

🔲 우리 집은 가족 간에 화합이 잘된다.

> 다들 여전히 아름답구나!
> 너도 갓 찐 떡처럼 신선해 보여!

섞을 混
합할 合 合

혼합

🔲🔲 여러 가지를 섞어【混】 합함【合】.

여러 가지를 섞어 합치는 걸 '혼합'이라고 해.
쌀가루, 달걀, 우유를 뒤섞어
반죽하는 것처럼 말이야.

🔲 모든 색의 물감을 혼합하면 검은색이 된다.

알맞을 適
합할 合 合

적합

🔲🔲 알맞게【適】 잘 합쳐짐【合】.

'적합'은 꼭 알맞게 들어맞는 것을 뜻해.
'딱 들어맞다', '꼭 알맞다' 등의 뜻이지.

🔲 이 옷은 두꺼워서 한겨울에 입기 적합하다.

> 적합한 재료가 있네!

 쏙쏙 문제

빈칸에 알맞은 낱말을 〈보기〉에서 골라 써 보세요.

〈보기〉 적합, 혼합, 화합

• 우리나라는 여름철이 덥고 비가 많이 와서 벼농사를 짓기에 ❶_____ 하다.

• 수성 사인펜의 잉크는 여러 가지 색소가 ❷_____ 된 것이다.

• 모두가 ❸_____ 하여야 집안 전체가 화목할 것이다.

合 6급
합할 합
총 6획 | 부수 口, 3획

여러 사람【人】이 모여 한【一】목소리【口】를 낸다는 뜻의 글자야.

사람은 저마다 생각이 달라. 하지만 공통의 문제에 대해서는 하나로 뜻을 모을 수 있지.

'전쟁 반대', '생태계 파괴하는 댐 건설 반대' 같은 경우처럼 말이야.

여러 사람의 생각이 하나로 모이면, 한목소리로 뜻을 말하게 된단다.

뜻과 목소리가 하나로 합쳐지는 것이지.

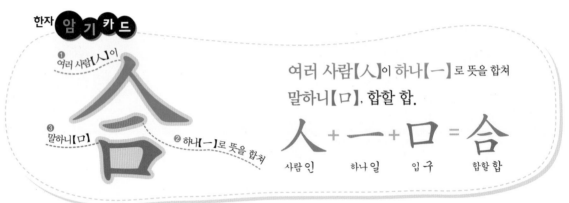

한자 **암 기 카 드**

① 여러 사람【人】이
③ 말하니【口】
② 하나【一】로 뜻을 합쳐

여러 사람【人】이 하나【一】로 뜻을 합쳐 말하니【口】, 합할 합.

人 ＋ 一 ＋ 口 ＝ 合
사람 인　하나 일　입 구　합할 합

命 7급
명할 명
총 8획 | 부수 口, 5획

여러 사람【人】이 하나【一】같이 말하고【口】 무릎 꿇게【卩】 만드니, 명할 명(命).

우두머리가 내리는 명령은 꼼짝없이 따라야 해.

만약 명령을 어기면 목숨을 잃을 각오도 해야 하지.

그래서 명할 명(命)은 '목숨 명'이란 뜻도 있단다.

今 6급
이제 금
총 4획 | 부수 人, 2획

여러 사람【人】이 이제 한【丶】자리에 모여드니【ㄱ】, 이제 금(今).

뜻을 모은 사람들은 약속 시간을 정해 한자리에 모이지.

여기에서 나온 글자야. '이제'는 '바로 이때'이므로 '오늘 금'으로도 쓰인단다.

'금일(今日)'이란 '오늘'이란 뜻이야.

'한자 암기카드'를 보고 빈칸에 들어갈 말을 써 보세요.

여러 ❶◯◯【人】이 ❷◯◯【一】로 뜻을 합쳐 ❸◯【口】하니, 합할 합(合).

合의 뜻은 합 하 다 이고, 음은 ❹◯ 입니다.

合의 어원을 생각하면서 필순에 따라 써 보세요.

合 合 合 合 合 合

| 合 | 合 | 合 | 合 | 合 | | |

제4일차

1

❶~❸에서 사다리를 타면 같은 색의 빈칸이 나와요.

❶~❸의 뜻에 맞는 낱말이 되도록 빈칸에 알맞은 글자를 쓰세요.

❶ 뜻이 같은 사람끼리 하나로 합침.

❷ 여러 가지를 섞어 합함.

❸ 서로 다른 것들이 잘 어울려 조화를 이룸.

💡 사다리 타기가 어려우면 같은 색의 빈칸을 찾아가세요.

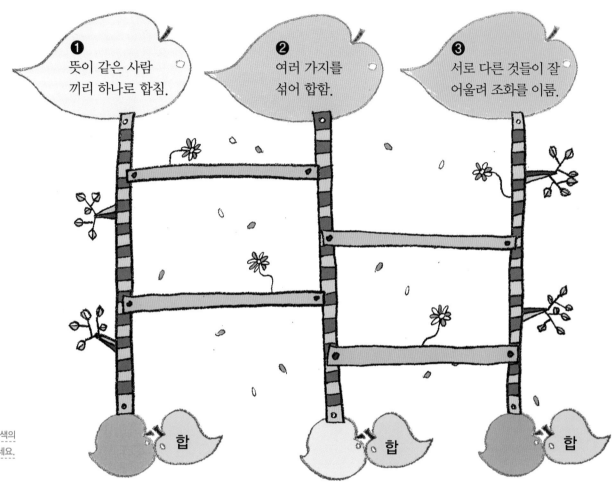

합   합   합

2

〈보기〉의 한자를 완성하려면 어떤 길로 가야 할지 알맞은 글자를 따라 선을 긋고, 완성된 한자를 빈칸에 쓰세요.

〈보기〉
여러 사람이 하나로 뜻을 합쳐 말하니, 합할합.

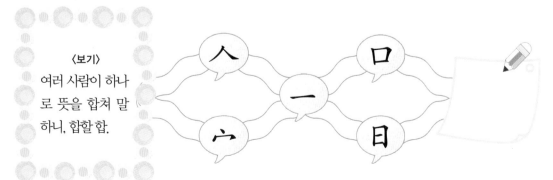

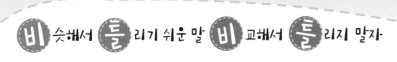

책 제목	아낌없이 주는 나무
지은이	쉘 실버스타인
읽은 날	2008년 10월 3일 ~ 2008년 10월 4일

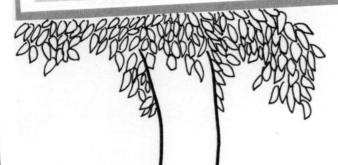

소년이 어른이 되어서 나뭇가

'베어서'라고 써야 해.

지를 배서 집을 짓는다고 가져가

는 것을 보니 화가 났다. 어릴 때 같

이 놀아 주던 친한 친구를 어떻게 쉽게

'잘라 버릴'이라고 써야겠지?

짤라버릴 수 있는지 모르겠다.

'낳아 준'이 옳단다.

마치 자기를 나아준 부모님에게 총 뿌리 를

'총부리'라고 쓴단다.

들이대는 것과 같다고 생각했다.

＊이 글은 초등학교 4학년 어린이가 쓴 독후감입니다.

나무는 '베고', 냄새는 '배고'

나뭇가지는 '배다'가 아니라 '베다'라고 쓴단다.
'배다'는 냄새, 느낌, 생각이 다른 것에 스며들거나
나오는 경우에 쓰는 거야. 옷에 고기 냄새가 배었을 때,
동물이 새끼를 가졌을 때도 이 말을 써.
하지만 날카로운 물건에 손을 다치면 '베다'야.

옷에 냄새가
다 뱄네~

나무 베는 일이
쉽지가 않네!

배다
- 냄새, 느낌, 생각이 다른 것에
  스며들거나 나오다.
  예〉 음식 냄새가 옷에 배다.
- 버릇이 되어 익숙해지다.
  예〉 습관이 몸에 배어서 고치기 어렵다.
- 배 속에 아이나 새끼를 가지다.
  예〉 고래가 새끼를 뱄다.

베다
- 날이 있는 연장으로 무엇을 끊거
  나 자르거나 가르다.
  예〉 나무를 베다.
- 누울 때, 베개 등을 머리 아래 받치다.
  예〉 졸음이 쏟아져서 책을 베고 잤다.

1 낱말 뜻이 올바른 칸을 모두 색칠해 보고, 나온 모양을 ❶~❹에서 고르세요.

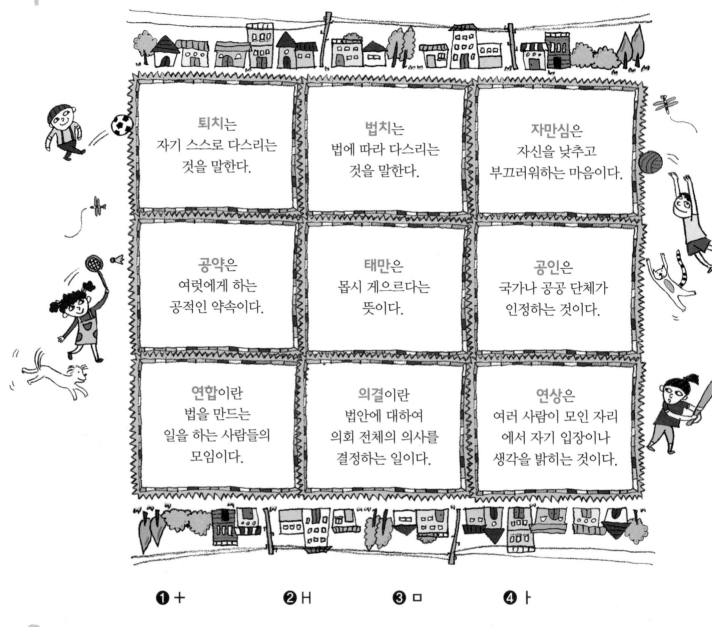

퇴치는 자기 스스로 다스리는 것을 말한다.	법치는 법에 따라 다스리는 것을 말한다.	자만심은 자신을 낮추고 부끄러워하는 마음이다.
공약은 여럿에게 하는 공적인 약속이다.	태만은 몹시 게으르다는 뜻이다.	공인은 국가나 공공 단체가 인정하는 것이다.
연합이란 법을 만드는 일을 하는 사람들의 모임이다.	의결이란 법안에 대하여 의회 전체의 의사를 결정하는 일이다.	연상은 여러 사람이 모인 자리 에서 자기 입장이나 생각을 밝히는 것이다.

❶ ㅓ　　　　❷ ㅐ　　　　❸ ㅁ　　　　❹ ㅏ

2 〈보기〉의 한자를 완성하려면 어떤 글자 조각이 필요한지 ❶~❹에서 고르세요.

〈보기〉 물을 잘 다스려 내 입에 먹을 것이 들어오니, 다스릴 치.

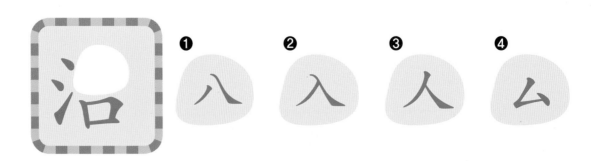

沿

❶ ㅅ　　❷ ㅅ　　❸ ㅅ　　❹ ㅿ

3

돌담 안에 든 낱말 가운데 ❶~❸의 뜻에 맞는 낱말을 찾아 ◯로 묶고, 빈칸에 낱말을 쓰세요.

눈 치 준 법 치 자 치
연 상 대 회 견 공 약

❶
여럿 앞에서 자신의
입장과 생각을 밝힘.

❷
연이어 떠오르는
생각.

❸
법에 따라 다스림.

💡 나란히 붙어 있는
두 글자로 된
낱말이에요.

4

❶~❹의 빈칸에 주어진 음뜻의 한자를 쓰세요.

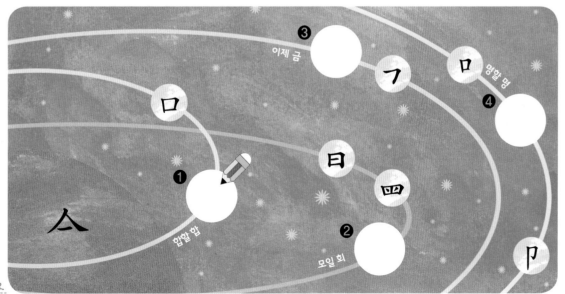

❸
이제 금

ㄱ

ㅁ
명할 명

❹

ㅁ

ㅂ

罒

❶
合할 함

스

❷
모일 회

💡 빨간 별과 노란 별에
쓰인 글자를 합치면
한자 모양을 알 수 있어요.

1~3 다음 글을 읽고 물음에 답하세요.

> 대통령, 국회의원, 지방 ㉠**자치** 단체장, 지방 (㉡) 의원을 뽑는 선거의 절차와 방법에 대해 알아보기 위해 모의 선거를 실시하기로 하였다. 각 분단은 우리 시의 문제를 조사하고, 문제 해결 방안을 토의하여 선거 (㉢)을 정하였다. 그리고 선거 홍보 벽보와 소책자를 만들고 연설문도 썼다.

1. ㉠의 뜻으로 바른 것을 고르세요. (   )

   ❶ 스스로 일어섬.   ❷ 스스로 다스림.

   ❸ 물리쳐 다스림.   ❹ 게으름을 피움.

   ❺ 뽐내고 자랑함.

2. ㉡에 들어갈 말로, 〈보기〉의 뜻을 가진 낱말을 쓰세요.

   〈보기〉 대표로 뽑힌 사람들이 모여 의논하는 모임.

   (   )

3. ㉢에 들어갈 말로, '공적인 약속'이란 뜻을 갖는 낱말을 고르세요. (   )

   ❶ 공평   ❷ 공동   ❸ 공약   ❹ 공상   ❺ 진공

4~5 다음 글을 읽고 물음에 답하세요.

> • 주민의 의견을 듣는다.
> • 지역의 기관들과 협의회를 가진다.
> • 지역의 문제에 대한 해결 방안을 찾는다.
> • 예산안을 ㉠**심의**하여 확정한다.
> • 지역에 관한 조례를 제정한다.

4. 위와 같은 일을 하는 곳은 어디인지 고르세요. (   )

   ❶ 국회   ❷ 시·도청   ❸ 지방 자치 단체장

   ❹ 시·도의회   ❺ 반상회

5 ㉠의 뜻을 바르게 설명한 것을 고르세요. (   )

❶ 법안을 만듦.

❷ 법안을 제출함.

❸ 법안을 살피고 의논함.

❹ 법안에 대해 찬반 투표를 함.

❺ 법안을 법률로 확정함.

6 ~ 8 빈칸에 들어갈 낱말을 〈보기〉에서 골라 쓰세요.

〈보기〉 관련, 자치, 연합

6. 강화도에는 초지진, 광성보 등 전쟁과 (   )된 유적이 많이 있다.

7. 지방 (   ) 단체는 시 · 도의 경제 활동을 돕기 위해 여러 가지 노력을 하고 있다.

8. 100여 개 시민 단체가 (   )하여 식품 위생 관리에 관한 법률 제정을 요구하고 있다.

9 ~ 10 다음 글을 읽고 물음에 답하세요.

(㉠)란, 새로 ㉡법률을 제정하거나 제도를 마련할 때, 많은 사람의 의견을 듣기 위하여 공개적으로 개최하는 모임이다. 국회나 정부에서는 이런 모임을 통해 다양한 의견을 모을 수 있고, 사람들은 법률과 제도에 자신의 의견을 반영할 수 있다는 장점이 있다.

9. ㉠에 들어갈 말을 고르세요. (   )

❶ 청문회   ❷ 토론회   ❸ 공청회

❹ 평가회   ❺ 반상회

10. ㉡을 두 글자로 나타낸 말로, 국회나 의회가 담당하는 중요한 일을 무엇이라고 하는지 쓰세요.

(   )

라디오와 레이더가 같은 가문이라니!

라디오^{radio}가 뭔지 모르는 사람은 설마 없겠지?
라디오는 음악이나 뉴스를 들려주고,
텔레비전은 쇼나 드라마를 보여 주잖아.
집집마다 라디오와 텔레비전은 다 있을 거야.
이렇게 라디오는 라디오 제품이나 라디오 방송을 뜻하는 경우가 많지.

그런데 라디오는 그보다 훨씬 많은 의미를 가진 단어야.
무선 통신이나 무선 방송이라는 뜻도 있거든.
게다가 라디오^{radio}가 다른 단어 안에 있으면 방사, 무선, 전파라는 의미를 나타내지.
방사라는 말이 좀 어렵니?
방사는 한 점을 중심으로 중심에서 사방으로 뻗치는 것을 말해.
마치 바퀴살처럼, 중심에서 빛이 뻗어 나와 사방으로 뻗쳐 나가는 것 말이지!

전파 탐지기인 '레이더radar'나 난방기로 사용되는 '라디에이터radiator',
방사능을 뜻하는 '라디에이션radiation'도 모두 라디오radio에서 나왔어.
한마디로 레이더radar, 라디에이터radiator, 라디에이션radiation은
라디오radio와 한 가족이라고 할 수 있지.
자, 그럼 라디오radio와 한 가족인 단어들을 좀 더 자세히 볼까?

radio

'라디오 방송, 라디오 제품,
무선 통신' 등을 말하고,
다른 단어 속에 쓰일 때는
'방사, 무선, 전파'라는 뜻이지.

radar

레이더radar는 전파를 사용하여
보이지 않는 사물의 위치나 속도를
알아내는 장치,
즉 '전파 탐지기'를 말해.
라디오radio의
'전파'라는
의미가 포함된 거지.

radiator

라디에이터radiator라는 말 들어 봤니?
'빛이나 열을 방사하는 장치'를
말하는데, 흔히 방열기나 난방기로
많이 사용되는 말이야.
라디오radio의 '방사'라는 의미가
포함된 거지.

radiation

방사능이란 말도 들어 봤지?
우라늄 등의 핵이 폭발하면서
방사선을 방출하는 것을 말하는데,
라디에이션radiation은 '방사능' 외에도
빛이나 열을 방출하는 '발광, 발열'의
뜻이 있어.

제1일차

05쪽 1. 화폐 2. 자유 3. 평등
4. 공약 5. 선출 6. 자치
06쪽 ❶ 자치 ❷ 퇴치 ❸ 법치
07쪽 ❶ 자주 ❷ 자만심 ❸ 자존심
08쪽 ❶ 물 ❷ 내 ❸ 입 ❹ 치

09쪽

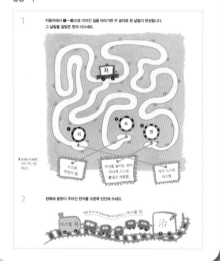

제2일차

10쪽 ❶ 공약 ❷ 공개 ❸ 공평
11쪽 ❶ 공인 ❷ 공청회 ❸ 空約
12쪽 ❶ 실 ❷ 싸매어 ❸ 묶어 ❹ 약

13쪽

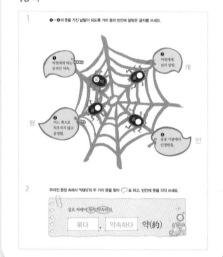

제3일차

17쪽 1. 대립 2. 의회 3. 연합
4. 신경전 5. 주장 6. 설계
18쪽 ❶ 의회 ❷ 법안 ❸ 입법
19쪽 ❶ 심의 ❷ 의결 ❸ 제정
20쪽 ❶ 사람 ❷ 하나 ❸ 창 ❹ 말 ❺ 회

21쪽

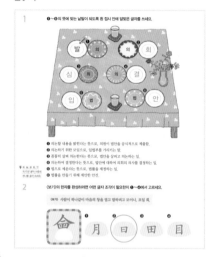

제4일차

22쪽 ❶ 연상 ❷ 관련 ❸ 연합
23쪽 ❶ 적합 ❷ 혼합 ❸ 화합
24쪽 ❶ 사람 ❷ 하나 ❸ 말 ❹ 합

25쪽

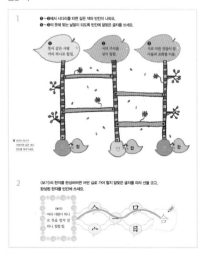

제5일차

도전! 어휘왕
28-29쪽

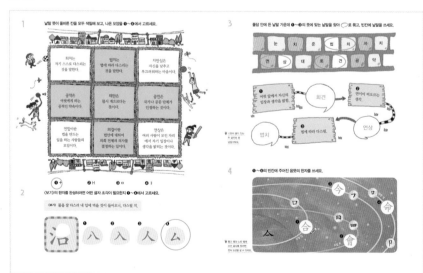

평가 문제
30-31쪽 1. ❷ 2. 의회 3. ❸ 4. ❹ 5. ❸ 6. 관련
7. 자치 8. 연합 9. ❸ 10. 입법

알고 보면 더 쉬운 국제 기구

나라와 나라 사이의 공동의 목적을 위해
힘을 합한 단체들이 전 세계적으로 꽤 많아.
신문이나 뉴스에 자주 등장하는 국제기구들의 이름을
살펴보며 어떤 일을 하는지 알아보자.

국제 올림픽 위원회(IOC, International Olympic Committee)
올림픽 경기 대회를 운영·주관하는 단체야.

국제 노동 기구(ILO, International Labor Organization)
노동자들이 일하는 조건이나 사회적 지위를 개선하고 보호하기 위한 단체란다.

석유 수출국 기구(OPEC, Organization of Petroleum Exporting Countries)
석유를 생산하는 나라들이 모여 만든 단체야. 석유의 생산량이나 가격 등을 논의하고,
국제 사회에서 발언권을 높이기 위해 활동한단다.

국제 사면 위원회 (Amnesty International)
정치나 종교 등의 문제로 투옥되고 생명을 위협받는 사람들을 보호하기 위해 활동하는 인권 단체란다.

국제 통화 기금(IMF, International Monetary Fund)
국제 금융 결제 기관이란다. 여러 나라가 자본을 내어 공동으로 운영하는 기금을 만들어,
외화 자금이 필요할 때, 또는 경제적으로 위급한 상황일 때 자금을 지원해.

국제 연합 아동 기금(UNICEF, United Nations International Children's Emergency Fund)
전쟁으로 고통받는 어린이, 또는 가난한 나라의 어린이들을 돕기 위해 설립한 국제 연합의 특별 기구란다.

적십자 국제 위원회(ICRC, International Committee of the Red Cross)
전시에는 부상자의 구호를, 평화시에는 각종 재해로부터 인간을 보호하는 것을 목표로
활동하는 국제 민간 기구란다.

국제 축구 연맹(FIFA, Fédération Internationale de Football Association)
월드컵이나 올림픽 등 세계적으로 열리는 축구 경기를 총괄하는 국제단체야.

아시아 태평양 경제 협력체(APEC, Asia Pacific Economic Council)
미국, 중국, 일본 등 태평양을 둘러싼 지역의 나라들이 경제적으로 협력하기 위해 만든 단체야.

마법의 상위권 어휘 스스로 평가표

01

다음 네 낱말 중 뜻을 자신 있게 말할 수 있는 낱말은 ○표, 알쏭달쏭한 낱말은 △표, 자신 없는 낱말은 ×표 하세요.

자치 ( ) 공약 ( ) 의회 ( ) 연합 ( )

02

다음 네 한자 중 음과 뜻을 자신 있게 말할 수 있는 것은 ○표, 알쏭달쏭한 것은 △표, 자신 없는 것은 ×표 하세요.

治 ( ) 約 ( ) 會 ( ) 合 ( )

03

〈평가 문제〉를 모두 풀고 정답을 확인해 보세요. 10문항 중 내가 맞힌 문항 수는 몇 개인가요?

❶ 9-10 문항 ( ) ❷ 7-8 문항 ( ) ❸ 3-4 문항 ( ) ❹ 1-2 문항 ( )

| 부모님과 선생님께 |

위에서 어린이가 스스로 적은 내용을 보고, 어린이가 어려워하는 부분을 함께 보면서
어휘의 뜻과 쓰임을 이해할 수 있도록 해 주세요.

어휘를 알아야 만점을 잡는다!

스토리텔링식 신교과서 학습을 위한

마법의 상위권 어휘

제**2**호

어휘가
쑥쑥 자라요.

부모님과 선생님께서는 이렇게 지도해 주세요

제 **1** 일차	제 **2** 일차	제 **3** 일차	제 **4** 일차	제 **5** 일차
온난화에 대한 이야기를 읽고, 대표 어휘 '온난화'의 뜻과 한자 '溫'을 익힙니다. '온난화'에서 확장된 여러 낱말의 뜻을 스스로 추론해 보도록 지도해 주세요.	대표 어휘 '방지'의 뜻과 한자 '防'을 익히고, 관계있는 낱말도 함께 익힙니다. 다지기 문제를 풀어 보고, '뜨거운 감자'의 뜻과 쓰임도 익히도록 해 주세요.	달에 간 쑥개떡의 이야기를 읽고, 대표 어휘 '부피'의 뜻과 한자 '固'를 익힙니다. '부피'에서 확장된 여러 낱말의 뜻을 스스로 추론해 보도록 지도해 주세요.	대표 어휘 '질량'의 뜻과 한자 '質'을 익히고, 관계있는 낱말도 함께 익힙니다. 다지기 문제를 풀어 보고, '펴다'와 '피다'를 구별하여 쓸 수 있도록 해 주세요.	재미있는 게임 문제와 학교 시험 유형의 평가 문제를 풀며 어휘 실력을 다집니다. '인터뷰(interview)'와 구성 원리가 비슷한 영단어들도 함께 익히도록 해 주세요.

100년 후, 우리가 살고 있는 세상은 어떻게 달라질까요?
기후 온난화로 온 세상이 물에 잠겨 버릴지도 몰라요.
그렇게 되는 걸 방지하려면 우리는 앞으로
어떻게 해야 할까요?

어휘랑 놀자 1

아름답고 궁금한 우리말 이야기

뜨거운 감자

제 1 일차

교과서 학습 어휘 01

맛보기

돋보기1

한자가 술술

다지기

온난화

온실 온돌 재생 에너지
고갈 대체 에너지

제 2 일차

돋보기2

한자가 술술

다지기

방지

예방 소방 방어 방제
방수 방파제

溫

囚

防

妨

쑥개떡과 꿀떡이 토끼를 만나러 달나라에 갔어요.
부피가 커서 가방에 넣기가 힘들었지만,
꿀단지와 저울도 들고 갔지요.
꿀을 똑같이 나누어 주려면
질량을 재는 저울이 필요할 테니까요.

제 **3** 일차

교과서 학습 어휘 02
맛보기
돋보기1
한자가 술술
다지기

부피

팽창 수축 냉각 응고 증발

제 **5** 일차

도전! 어휘왕
평가 문제

질량

분동 원기 중력 용량
중량 계량

固

故

제 **4** 일차

돋보기2
한자가 술술
다지기

析

質

兵

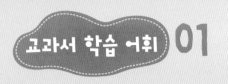

돋보기 온난화 · 방지

◑ 글 속의 주황색 낱말들은 무슨 뜻일까요? 잘 생각하면서 다음 글을 읽어 보세요.

100년 후, 우리가 살고 있는 세상은 어떻게 달라질까요?

세계 야생 생물 기금(WWF)에서 발표한 환경 보호 캠페인 포스터는

100년 후의 지구가 어떤 모습일지를 보여 줍니다.

얼핏 보면 상어가 하늘을 날고 있는 그림처럼 보이지만

사실 상어가 있는 곳은 하늘이 아니라 바닷속이에요.

지구 온난화로 해수면이 상승하여 도시가 물에 잠긴 모습이지요.

하늘을 찌를 듯 솟아오른 고층 건물마저 물에 잠겨 버려

심해에서나 볼 수 있었던 물고기들이 도시를 점령한 것입니다.

100년 후 지구의 모습이 그림처럼 될지도 모른다니 으스스하지요?

이렇게 되는 걸 방지하려면, 우리는 앞으로 어떻게 해야 할까요?

◀ WWF에서 발표한 환경 보호 캠페인 포스터.

◗ 빈칸에 알맞은 낱말을 왼쪽 글의 주황색 낱말 중에서 찾아 써 보세요.
잘 모를 땐 💡를 보거나, ❶~❸에서 골라 쓰세요.

1 엄마는 물가 상 승 때문에 살림을 꾸려 가기 어렵다고 걱정하세요.

💡 아래에서 위로 올라가는 것을 말해요. 그것도 빠르고, 가파르게!

❶ 상승 　　　　❷ 상장 　　　　❸ 상표

2 자동차 매연으로 인한 온실 가스는 지구 　　　　　의 주범입니다.

💡 온실 가스가 대기를 빈틈없이 덮어서 마치 온실처럼 지구의 기온이 높아지는 거예요.

❶ 온난화 　　　　❷ 채송화 　　　　❸ 무궁화

3 미국의 '시어즈 타워'는 110층이나 되는 　　　 건물입니다.

💡 건물의 높은 층이에요.

❶ 고래 　　　　❷ 고집 　　　　❸ 고층

4 수질 오염 　　를 위해 매일매일 하천을 청소하고 있어요.

💡 어떤 일이 일어나지 않도록 막는 거예요. 병충해, 오염, 사고와도 관계있지요.

❶ 연지 　　　　❷ 곤지 　　　　❸ 방지

5 바다 속으로 200미터 이상 더 들어가야 하는 　　 탐사에는 특수한 장비가 필요합니다.

💡 깊은 바다를 말해요.

❶ 이해 　　　　❷ 심해 　　　　❸ 오해

6 해안 지방에서는 밀물 때 　　　이 갑자기 상승하여 침수 피해를 입기도 합니다.

💡 바닷물의 표면을 말해요.

❶ 해수면 　　　　❷ 사리면 　　　　❸ 떡라면

걱정이야. 지구의 평균 기온이 점점 높아지고 있으니 말이야.

평균 기온이 높아지면서 지구를 둘러싼 공기와 바다의 흐름도 달라지고 있단다.

이 때문에 곳곳에서 예측할 수 없는 이상 징후가 끊이지 않아.

한여름에 눈이 내리고, 시도 때도 없이 폭풍이 몰아치고 말이야.

'온난화'란 지구의 평균 기온이 점점 높아지는, 정말 걱정스러운 현상이란다.

따뜻할 온溫　따뜻할 난暖　될 화化

온난화

낱 따뜻하게【溫暖】 됨【化】.

교 지구의 평균 기온이 갈수록 높아지는 현상.

예 지구 온난화로 곳곳에서 기상 이변이 일어나고 있다.

낱 은 낱글자 풀이,
교 는 교과서의 뜻이야!

지구를 둘러싼 공기를 '대기'라고 해. 대기 속에는 여러 가지 기체가 있어.

이들 중 이산화탄소는 열이 대기 밖으로 빠져나가지 못하도록 잡아 놓는 일을 해.

그래서 지구가 따뜻하게 유지되는 거야.

따뜻할 온溫　집실室

온실

낱 교 따뜻한【溫】 온도를 유지하는 집【室】.

예 그 사람은 온실 속의 화초처럼 나약하다.

'따뜻한 곳' 하면 생각나는 곳이 있지?

바로 온실이나 온돌방 아랫목!

'온실'은 따뜻한 공기가 빠져나가지 못하도록 유리나 비닐로

사방을 막은 집이야.

유리 온실.

'온돌'은 우리나라 집에 쓰인 난방 방법이야.

아궁이에서 불을 때면 불기운이 방바닥을 따뜻하게 데워.

그러고 나면 연기와 열기는 집 뒤 굴뚝으로 빠져나가지.

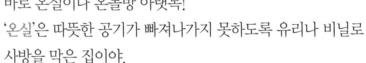

따뜻할 온溫　굴뚝 돌突

온돌

낱 따뜻한【溫】 굴뚝【突】.

교 불을 때어 바닥을 덥히는 난방 방식.

예 옛날에는 집집마다 온돌을 놓았다.

 쏙쏙 문제

빈칸에 알맞은 낱말을 〈보기〉에서 골라 써 보세요.　〈보기〉 온실, 온난화, 온돌

• 한겨울에도 여름 채소를 먹을 수 있는 것은 ❶◯◯ 에서 재배하기 때문입니다.

• 지구가 날로 더워지는 현상을 ❷◯◯◯ 라고 합니다.

• ❸◯◯ 은 우리나라 고유의 난방 방식입니다.

그런데 문제는 대기 중에 이산화탄소가 너무 많아졌다는 거야.
그래서 지구의 기온이 자꾸만 올라가는 거지. 왜 그렇게 되었냐고?
석탄이나 석유 같은 화석 연료를 너무 많이 써서 그렇단다.
이산화탄소는 주로 화석 연료를 태울 때 생겨나거든.
이런 문제들 때문에 사람들은 화석 연료 대신
오염과 부작용이 적은 에너지원을 개발하려고 애쓰고 있어.

화석 연료는 이제 그만!

다시 재 再 · 날 생 生
재생에너지

낱 (계속 써도) 다시【再】 나오는【生】 에너지.
교 계속 써도 없어지지 않는 천연 에너지원.
예 재생 에너지를 이용하면 환경오염 걱정을 덜 수 있다.

태양열은 한번 쓴다고 없어지지 않아.
계속 써도 다시【再】 나오는【生】 에너지야.
이런 에너지를 '재생 에너지'라고 한단다.
재생 에너지에는 태양열 외에도 바람의 힘을 이용한 풍력,
밀물과 썰물의 차를 이용한 조력 등이 있어.

화석 연료는 오염도 문제지만,
제한된 양밖에 쓸 수 없다는 것도 문제야.
석유는 앞으로 50년도 채 쓸 수 없다고 해.
즉 '고갈 위기'에 처한 것이지. '고갈'이란
강바닥이 말라붙어 목이 마르듯, 다 써서 바닥이 드러나 보이는 것을 말한단다.
그래서 사람들은 석유 대신【代】 바꾸어【替】 쓸 수 있는 에너지원을 찾고 있어.
이것을 '대체 에너지'라고 해. 풍력, 조력, 태양열 등이 현재 유력한 대체 에너지원이야.

마를 고 枯 · 목마를 갈 渴
고갈

낱 목이 마를【渴】 정도로 말라 버리다【枯】.
교 물이 말라 없어지듯, 무엇이 없어져 매우 귀해짐.
예 석유 고갈 문제를 더는 미룰 수 없게 되었다.

대신할 대 代 · 바꿀 체 替
대체에너지

낱 대신【代】 바꾸어【替】 쓰는 에너지.
교 석유 대신 쓸 수 있는 에너지.
예 태양열이나 풍력은 현재 연구 중인 대체 에너지원이다.

풍력 발전기.

쏙쏙 문제

빈칸에 알맞은 낱말을 〈보기〉에서 골라 써 보세요. 〈보기〉 고갈, 대체, 재생

• 자연에서 얻을 수 있는 에너지원 중 그 양이 무한하고 끊임없이 공급되는 에너지를 ❶_____ 에너지라고 한다.
이들은 태양열이나 바람, 밀물과 썰물의 차를 이용하여 환경을 오염시키지 않으므로, ❷_____ 위기에 처한 화
석 연료를 ❸_____ 할 에너지로 관심을 끌고 있다.

溫 ^{6급}

따뜻할 온

총 13획 | 부수 氵, 10획

귀족 집안의 젊은이가 살인 누명을 쓰고,
평생 배를 젓는 노예로 팔리게 되었어.
손발이 묶인 채 사막을 건너는 노예들은
물가에 와서도 물 한 모금 마음대로 먹지 못했어.
그때 슬픔과 절망에 빠진 젊은이에게 누군가가
그릇에 물을 담아 입에 대 주었지.
그 따뜻한 마음씨 덕분에 젊은이는 살아갈 용기를 얻었단다.
물【氵】을 죄인【囚】에게 그릇【皿】으로 떠 주는 따뜻한 마음, 이것이 '따뜻할 온(溫)'이야.

영화 〈벤허〉의 한 장면.

한자 암기카드

① 물【氵】을
② 죄인【囚】에게
③ 그릇【皿】으로 떠 주는 따뜻한 마음이니

물【氵】을 죄인【囚】에게 그릇【皿】으로 떠 주는
따뜻한 마음이니, **따뜻할 온.**

氵 + 囚 + 皿 = 溫
물 수   죄인 수   그릇 명   따뜻할 온

❶ 氵은 '물 수(水)'가 글자의 부수로 쓰일 때의 모습.

囚 ^{3급}

죄인 수

총 5획 | 부수 囗, 2획

사방이 막힌 곳【囗】에 갇힌 사람【人】이니, 죄인 수(囚).
죄를 지으면 감옥에 가두지.
아니면 가시나무 울타리를 빽빽하게 두른 집 안에서 꼼짝 못하고 지내게 했어.
이것이 '죄수', '탈옥수' 등의 낱말에 쓰인 '죄인 수(囚)'란다.

'한자 암기카드'를 보고 빈칸에 들어갈 말을 써 보세요.

①〇【氵】을 ②〇〇【囚】에게 ③〇〇【皿】으로 떠 주는 따뜻한 마음이니, 따뜻할 온(溫).

溫의 뜻은 따 뜻 하 다 이고, 음은 ④〇입니다.

溫의 어원을 생각하면서 필순에 따라 써 보세요.

溫溫溫溫溫溫溫溫溫溫溫溫溫

溫 溫 溫 溫 溫

제 1 일 차

1 돌담 안에 든 낱말 가운데 ❶~❸의 뜻에 맞는 낱말을 찾아 ◯로 묶고, 빈칸에 낱말을 쓰세요.

고	갈	증	발	온	도	계
난	온	실	기	온	난	화

❶ 물이 말라 없어지듯, 무엇이 없어져 매우 귀해짐.

❷ 따뜻한 온도를 유지하는 집.

❸ 지구의 평균 기온이 갈수록 높아지는 현상.

나란히 붙어 있는 글자로 된 낱말이에요.

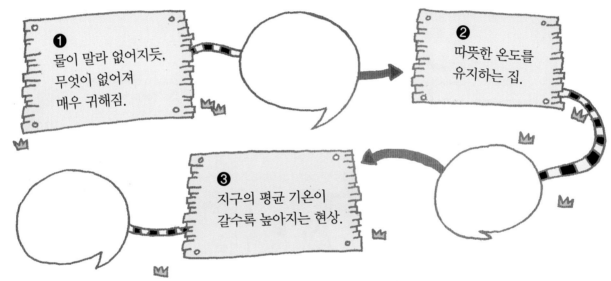

2 〈보기〉의 한자를 완성하려면 어떤 길로 가야 할지 알맞은 글자를 따라 선을 긋고, 완성된 한자를 빈칸에 쓰세요.

〈보기〉
물을 죄인에게 그릇으로 떠 주는 따뜻한 마음이니, 따뜻할 온.

氵   血

囚

氵   皿

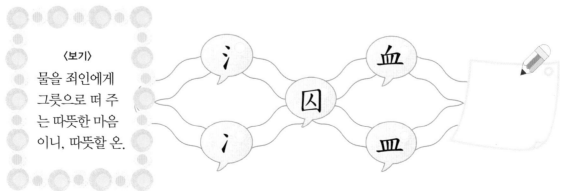

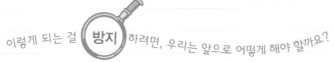
'방지'라는 말은 우리 주위에서 흔히 접할 수 있단다.
옷장에 있는 습기 방지제는 습기가 생기지 않도록 막아 주지.
욕실에 있는 미끄럼 방지 타일은 미끄러지지 않게 하고 말이야.
엄마 화장대에는 주름 방지용 화장품이 하나쯤 있을 테고,
집을 나서면 곳곳에서 도난 방지 카메라를 볼 수 있지. 이들은
주름이 생기지 않도록, 도둑이 들지 않도록 막아 주는 역할을 해.
'방지'란, 어떤 일이 일어나지 않도록 막아서【防】 그치게【止】 하는 것이란다.

주름 방지에는 참기름 스킨이 딱이지!

막을 방 防   그칠 지 止
방지

낱▸ 막아서【防】 그치게【止】 함.
교▸ 어떤 일이 일어나는 것을 막아 그치게 함.
예▸ 겨울철 화재 및 수도관 동파 방지에 유의하자.

막아 준다는 뜻의 '방'이 쓰이면, 어떤 일이 일어나지 않게 한다는 뜻이야.
그러면 '예방 주사', '소방서', '공격 방어' 등이 어떤 뜻인지 쉽게 알 수 있겠지?

미리 예 豫   막을 방 防
예방

낱▸교▸ 미리【豫】 막음【防】.

'예방'은 질병이나 재해 따위가 일어나기 전에 미리 대처하여 막는다는 뜻이야.

예▸ 병은 치료보다 예방이 더 중요합니다.

사라질 소 消   막을 방 防
소방

낱▸교▸ (불을) 끄고【消】 불이 나지 않도록 막음【防】

'소방'은 불을 끄는 것이지만, 불이 나지 않도록 막는다는 뜻도 있어.

예▸ 화재가 나자 소방대원들이 현장으로 출동했다.

막을 방 防   막을 어 禦
방어

낱▸교▸ 공격을 막음【防御】.

'방어'는 상대방의 공격을 막는다는 뜻이야. 운동 경기나 전쟁에서 많이 쓰는 말이지.

예▸ 상대 팀의 공격을 방어하는 데만도 힘겹다.

쏙쏙 문제

빈칸에 알맞은 낱말을 〈보기〉에서 골라 써 보세요.   〈보기〉 방지, 예방, 방어

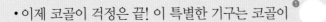

• 이제 코골이 걱정은 끝! 이 특별한 기구는 코골이 ❶ ○○ 를 위한 최고의 도구입니다.

• 적군이 한밤중에 기습해 오는 바람에 우리 군사들은 전혀 ❷ ○○ 할 수 없었다.

• 말라리아가 유행입니다. 주민들께서는 보건소에 가셔서 꼭 ❸ ○○ 주사를 맞으세요.

제 2 일차

떡들이 몹시 심각한 얼굴이야. 떡 마을이 태풍으로 큰 피해를 입었거든.
떡들의 대화를 읽어 보면서, 어떻게 떡들을 도와야 할지 생각해 보자.

쑥개떡 : 엉엉, 온 마을이 물에 잠겼어. 우리 집 어떻게 해!
시루떡 : 물이 빠지면 곧바로 방제를 해야겠어. 전염병이 생길지도 몰라!
꿀떡　 : 우리 집 지붕은 방수 공사가 잘 안 되었나 봐. 지붕에서 물이 새!
백설기 : 우리 집은 방충망이 찢어져서 벌레들이 득실거린다고!
인절미 : 해안가 떡 마을은 방파제가 무너져서 더 큰 피해를 입었다는구나.
　　　　우리는 그나마 나은 편이니 울지 말고 기운들 내자꾸나.

막을 방防　　덜 제除

낱　교 (재앙을) 막아서【防】 없앰【除】.

재앙을 막아서 없앤다는 뜻이야.
농작물에 해충이 생기지 않도록 미리
소독하고 약을 뿌리는 일도 '방제'라고 해.

예 병충해 방제 작업이 한창이다.

항공에서 소독약을 뿌려 방제하는 모습.

막을 방防　　물 수水

낱　교 물【水】을 막음【防】.

'방수'는 물이 새어 들어오는 것을 막는 일이야.
집을 지을 때 지붕이나 벽은 빗물이 새지
않도록 방수 공사를 하지.

예 이 시계는 방수 기능이 뛰어납니다.

막을 방防　물결 파波　둑 제堤

낱　교 파도【波】를 막아 주는【防】 둑【堤】.

'방제'는 파도를 막기 위해 쌓은 둑을 말해.
방파제가 없다면, 큰 파도가 어촌 마을이나
항구를 덮칠 때마다 큰 피해를 입을 거야.

예 방파제에 파도가 부딪치고 있다.

방파제 모습.

쏙쏙 문제

빈칸에 알맞은 낱말을 〈보기〉에서 골라 써 보세요.　　　〈보기〉 방수, 방파제, 방제

• 기름으로 범벅이 되었던 해안은 ❶　　　　　 작업을 위해 모인 자원 봉사자들 덕분에 깨끗해졌다.

• 이 옷은 ❷　　　　　 처리가 되어 있어 비가 올 때 입어도 젖지 않아요.

• 마을 주위의 ❸　　　　　 가 파도로부터 마을을 보호해 주는 것 같았다.

防
준4급

막을 방

총 7획 | 부수 阝, 4획

옛사람들에게 가장 무서운 적은 자연이었어.
특히 물은 살아가는 데 꼭 필요하면서도 순식간에 모든 것을 앗아 가는,
고맙고도 무서운 존재였지. 그래서 큰비가 오더라도 강물이 넘치지 않도록
둑을 쌓아 막았단다. 이것이 '하굿둑'이야. '강의 입구에 쌓은 둑'이란 뜻이지.
여기에서 '막을 방'이란 글자가 나왔어.
언덕【阝】처럼 사방【方】에 둑을 쌓아 막는 것이 바로 '막을 방'이야.

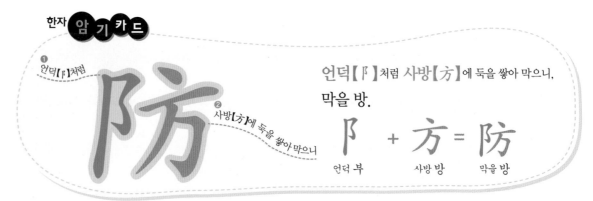

한자 **암 기 카 드**

❶ 언덕【阝】처럼
❷ 사방【方】에 둑을 쌓아 막으니

언덕【阝】처럼 사방【方】에 둑을 쌓아 막으니,
막을 방.

阝　＋　方　＝　防
언덕 부　　사방 방　　막을 방

妨
4급

방해할 방

총 7획 | 부수 女, 4획

여자【女】가 사방【方】에 있으면 일에 방해되니, 방해할 방(妨).
정신을 집중해서 과거 시험을 준비해야 할 도련님이,
공부는 않고 여자들과 어울려 놀러 다니는 모습을 나무라는 글자란다.
"방해하지 말고 저리 가 줘." 할 때의 '방해(妨害)',
"그렇게 하셔도 무방합니다."에서 '무방(無妨)'에 이 글자가 쓰이지.

없을 무 無　　방해할 방 妨

낱ᆢ교 방해가【妨】 없음【無】.
예ᆢ 저는 무방하니 뜻대로 하세요.

'한자 암기카드'를 보고 빈칸에 들어갈 말을 써 보세요.

❶ ◯◯【阝】처럼 ❷ ◯◯◯【方】에 ❸ ◯◯을 쌓아 막으니, 막을 방(防).

防의 뜻은 막 다 이고, 음은 ❹ ◯ 입니다.

防의 어원을 생각하면서 필순에 따라 써 보세요.

防防防防防防防					
防	防	防	防	防	

1

'방'으로 시작하는 낱말 네 개가 그림 속에 들어 있어요.
❶～❹의 뜻에 맞는 낱말이 되도록 빈칸에 글자를 쓰세요.

❶ 지

방

❶ 어떤 일이 일어나는 것을 막아 그치게 함.
❷ 상대방의 공격을 막는 일.
❸ 재앙을 막아 없앰.
❹ 물이 새어 들어오는 것을 막는 일.

💡 빈칸에 들어갈
글자는 어, 제, 수
가운데 하나입니다.

2

〈보기〉의 한자를 완성하려면 어떤 글자 조각이 필요한지 ❶～❹에서 고르세요.

〈보기〉 언덕처럼 사방에 둑을 쌓아 막으니, 막을 방.

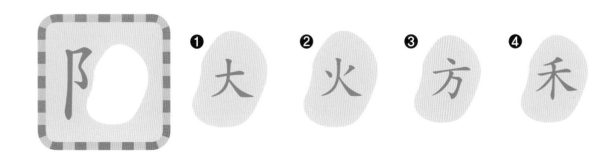

阝   ❶ 大   ❷ 火   ❸ 方   ❹ 禾

뜨거운 감자

야호~ 물놀이 수영장 공짜 티켓이 생겼어!

두 장이니까, 한 장은 내가 가고, 한 장은······.

꺄요

저요, 저요!!

저랑 가요, 저랑!!

둘 중에 한 명만 갈 수 있는데, 누구랑 가지?

제가 꼭 가야 할 이유를 말씀드릴게요!

수영복을 산 지 3년이 됐는데 아직까지 물도 못 묻혔다고요.

저런~ 안타까운 일이네.

팬티 대신 입고 다녀요.

전 태어나서 수영장을 한 번도 가 본 적이 없어요.

엄마가 섬그늘에~

수영장? 그게 뭔가요? 이젠 정말 알고 싶어요!!

크흑~ 불쌍해라.

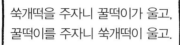

쑥개떡을 주자니 꿀떡이가 울고,
꿀떡이를 주자니 쑥개떡이 울고.

아~ 골치 아파!
이러지도 저러지도
못하겠어!

그런 걸
이거라고
하는 거야!!

'뜨거운 감자'?!

그래, 막 쪄 낸 감자는 너무 뜨거워서 손에
들기도, 먹기도 어렵지.

그것에 비유해서 이러지도
저러지도 못해 처리하기 힘든
문제를 '뜨거운 감자'라고 한단다.

그렇군요.

뜨거운 감자

이러지도
저러지도
못하는
난처하고 곤란한
대상이나 상황

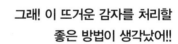

그래! 이 뜨거운 감자를 처리할
좋은 방법이 생각났어!!

이 기회에 효도할 겸,
인절미 할머니와 다녀올게!

아이고, 덕분에
호강하는구먼!

❶ 글 속의 주황색 낱말들은 무슨 뜻일까요? 잘 생각하면서 다음 글을 읽어 보세요.

정월 대보름날 밤, 달을 보던 쑥개떡은 문득 궁금해졌어요.

"저 달에 정말로 떡방아를 찧는 토끼가 살고 있을까?"

쑥개떡은 친구 꿀떡과 함께 달나라에 직접 가 보기로 했어요. 둘은 신나게 짐을 꾸렸어요.

토끼에게 선물할 쑥떡과 꿀단지, 저울……. 이것저것 넣다 보니 짐 부피가 너무 커져

가방이 닫히질 않았어요. 둘은 옥신각신 다투기 시작했어요.

"저울이 왜 필요해? 이건 빼자."

"안 돼. 꿀이 6킬로그램이나 되는데, 저울이 없으면 어떻게 나눠?

차라리 쑥떡을 빼! 떡방아 찧는 토끼들에게 뭐 하러 떡을 선물하냐고!"

결국 쑥떡을 빼고 출발했어요. 달에 무사히 착륙한 둘은 100마리나 되는 토끼를 만났지요.

그리고 선물로 가져온 꿀을 꺼내 저울에 올려놓았어요.

그런데 이상해요. 분명히 6킬로그램이던 꿀이 1킬로그램밖에 안 되는 거예요.

울상이 된 꿀떡은 안절부절못하고 코에서 꿀을 짜내기 시작했어요.

그러자 토끼 하나가 다른 모양의 저울과 추를 들고 왔어요.

"이 저울로 재 보세요. 이건 질량을 재는 저울이니까요."

저울에 꿀을 올려놓으니 바늘이 6킬로그램을 가리켰어요.

그제야 꿀떡은 꿀 짜는 것을 멈추고 환하게 웃었답니다.

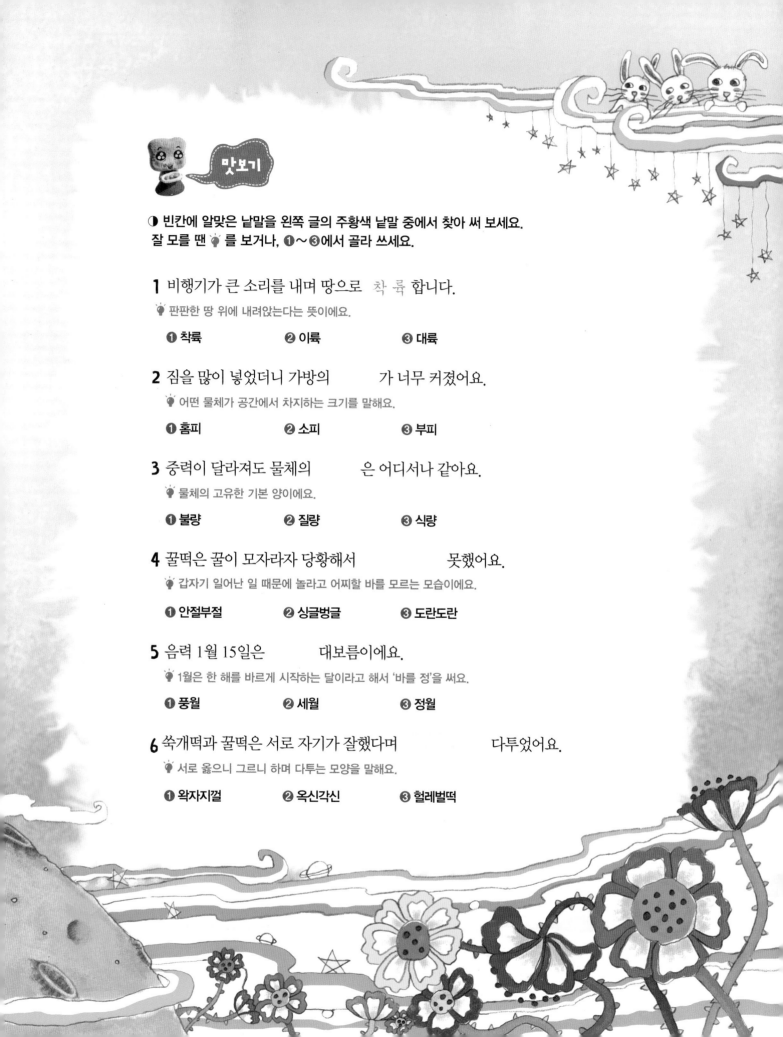

맛보기

◗ 빈칸에 알맞은 낱말을 왼쪽 글의 주황색 낱말 중에서 찾아 써 보세요.
잘 모를 땐 💡 를 보거나, ❶~❸에서 골라 쓰세요.

1 비행기가 큰 소리를 내며 땅으로 착 룩 합니다.
　💡 판판한 땅 위에 내려앉는다는 뜻이에요.

　　❶ 착륙　　　　　❷ 이륙　　　　　❸ 대륙

2 짐을 많이 넣었더니 가방의 　　　　가 너무 커졌어요.
　　💡 어떤 물체가 공간에서 차지하는 크기를 말해요.

　　❶ 홈피　　　　　❷ 소피　　　　　❸ 부피

3 중력이 달라져도 물체의 　　　　은 어디서나 같아요.
　　💡 물체의 고유한 기본 양이에요.

　　❶ 불량　　　　　❷ 질량　　　　　❸ 식량

4 꿀떡은 꿀이 모자라자 당황해서 　　　　　　못했어요.
　　💡 갑자기 일어난 일 때문에 놀라고 어찌할 바를 모르는 모습이에요.

　　❶ 안절부절　　　❷ 싱글벙글　　　❸ 도란도란

5 음력 1월 15일은 　　　　대보름이에요.
　　💡 1월은 한 해를 바르게 시작하는 달이라고 해서 '바를 정'을 써요.

　　❶ 풍월　　　　　❷ 세월　　　　　❸ 정월

6 쑥개떡과 꿀떡은 서로 자기가 잘했다며 　　　　　　다투었어요.
　　💡 서로 옳으니 그르니 하며 다투는 모양을 말해요.

　　❶ 왁자지껄　　　❷ 옥신각신　　　❸ 헐레벌떡

'부피'는 물체가 차지하는 공간의 크기를 말해.
주위를 보렴. 책상, 가방, 컴퓨터······.
이것들은 공간에서 저마다 한 자리씩 차지하고 있지?
그 자리의 크기가 부피야. 교과서에서는 '넓이와 높이를 가진
입체도형이 공간에서 차지하는 크기'를 부피라고 해.

헉! 살이 찌니
얼굴 부피가 커졌어!

부 피

교 물체가 차지하는 공간의 크기.
예 이불은 압축 팩에 넣어 보관하면 부피가 줄어든다.

액체나 기체도 부피가 있단다.
200밀리리터 우유, 1.8리터 오렌지 주스. 여기서 밀리리터와 리터가 액체의 부피를 재는 단위야.
기체도 부피가 있어. 가스 요금 고지서를 보면, 1㎥당 얼마, 이렇게 요금이 계산되어 있을 거야.
눈에 보이진 않지만 기체도 엄연히 공간에서 자리를 차지하고 있지.
이렇게 부피가 커지는 것을 '팽창'한다고 해.

부피로 분량을 표시한 음료수 병.

부풀 팽 膨   배부를 창 脹

팽 창

낱 교 부풀어서【膨】 배처럼 불룩해짐【脹】.
예 인구가 급격히 팽창하고 있다.

반대로 부피가 작아지는 것은 '수축'한다고 해. 쇠하여 오그라든다는 뜻이지.

거둘 수 收   줄일 축 縮

수 축

낱 교 안쪽으로 거두어져【收】 줄어듦【縮】.
예 목재는 습기를 머금으면 수축되어 휘어진다.

 쏙쏙 문제

빈칸에 알맞은 낱말을 〈보기〉에서 골라 써 보세요.   〈보기〉 팽창, 부피, 수축

• 그 보따리는 ❶◯◯ 가 크진 않았지만 몹시 무거웠다.

• 지난 30년간 수도권 지역의 인구는 엄청나게 ❷◯◯ 해서 포화 상태가 되었다.

• 차가운 물 속에서 너무 오랫동안 있으면 근육이 ❸◯◯ 되어 움직일 수 없게 된다.

제3일차

대부분의 물질은 열을 빼앗기면 부피가 줄어들어.
추운 바깥에 온도계를 내놓으면 빨간 선이 아래로 내려가지?
열을 빼앗기면 부피가 줄어드는 알코올의 성질을 이용한 거야.
열을 빼앗기면 물체의 온도도 내려가 차가워지지.
물체가 식어 차가워지는 것을 '냉각'이라고 해.

알코올의 부피가 줄어들거나 늘어나는 성질을 이용하는 온도계.

찰 랭 冷 물리칠 각 却

냉각

낱·교 식어서【冷】차게 됨【却】.
예 이 고기는 급속 냉각되어 신선도가 월등합니다.

고체인 초에 불을 붙이면 녹아서 액체가 돼. 하지만 촛농을 떨어뜨리면
식어서 고체가 되지. 액체였던 촛농이 엉기어 하얀 고체 덩어리로 되듯이
액체가 고체로 되는 것을 '응고'라고 한다.

엉길 응 凝 굳을 고 固

응고

낱 엉기어【凝】굳어짐【固】.
교 액체가 엉겨 굳어져 고체로 되는 현상.
예 촛농은 떨어지자마자 응고되어 딱딱해졌다.

물을 끓이면 기체인 수증기가 된단다. 그런데 끓이지 않고도 물이 기체가 되기도 해.
빨래를 널어 두면 어느새 물기가 걷혀 말라 있지?
액체였던 물이 기체가 되어 날아간 거야.
'증발'은 '물체의 표면에서 액체가 기체로 되는 것'이란다.

이 하얀 연기는 김! 김은 기체가 아니고 액체란다.

찔 증 蒸 일어날 발 發

증발

낱 액체에 열을 가해 증기【蒸】가 일어남【發】.
교 물체의 표면에서 액체가 기체로 되는 현상.
예 바닷물을 증발시키면 소금을 만들 수 있다.

쏙쏙 문제

빈칸에 알맞은 낱말을 〈보기〉에서 골라 써 보세요. 〈보기〉 증발, 냉각, 응고

• 이 냉동고는 급속 냉동 기능이 있어서 ❶   속도가 아주 빠르다.

• 치즈는 우유 등 동물의 젖에 들어 있는 단백질이 ❷   되는 원리로 만들어진다.

• 날씨가 너무 뜨거워 샘의 물이 모두 ❸   해 버렸다.

固 ^{5급}

굳을, 단단할 **고**

총 8획 | 부수 囗, 5획

먹다 남은 빵이나 야채들을 오랫동안 그대로 두면 겉이 딱딱하게 말라 버리지. 이렇게 겉테두리【口】가 오래되면【古】 굳어지고 단단해진다는 뜻의 글자가 '굳을 고, 단단할 고(固)'야. '성벽이 견고하다', '촛농이 응고하다'와 같이 굳어져 단단하게 된다는 뜻이지.

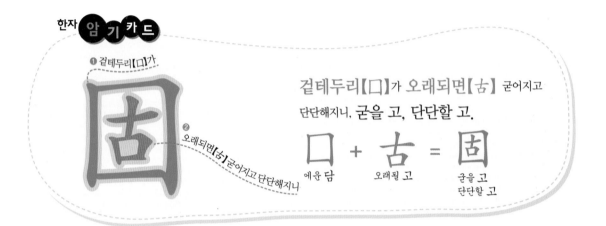

한자 **암기카드**

❶ 겉테두리【口】가

❷ 오래되면【古】굳어지고 단단해지니

겉테두리【口】가 오래되면【古】 굳어지고 단단해지니, 굳을 고, 단단할 고.

口 + 古 = 固
에운 담   오래될 고   굳을 고
단단할 고

故 ^{준4급}

연고 고

총 9획 | 부수 攵, 5획

오래된【古】 일을 하나씩 짚어 가며【攵】 연고를 물으니 연고 고(故).

* 攵은 '칠 복'이나 여기에서는 '하나씩 짚어 간다'는 뜻으로 해석함.

'연고'란 인연, 이어 주는 끈 같은 거야. '연고지'는 인연이 있는 곳이지. 태어나 자란 고향, 지금 살고 있는 동네 등은 모두 자기 연고지란다. '고향(故鄕)'은 연고가 있는 마을이야. 이 글자는 '사건, 사고'란 뜻으로도 쓰여. 어른들이 "그동안 무고하셨지요?"라고 인사하지? 특별히 나쁜 일 없이 잘 지내셨냐는 인사말이야.

안녕하세요. 그동안 무고하셨지요?

뭣! 무기가 어쨌다고?

'한자 암기카드'를 보고 빈칸에 들어갈 말을 써 보세요.

겉❶◯◯◯◯【口】가 ❷◯◯◯◯◯◯◯【古】 굳어지고 단단해지니, 굳을 고, 단단할 고(固).

固의 뜻은 굳 다, 단 단 하 다 이고, 음은 ❸◯ 입니다.

固의 어원을 생각하면서 필순에 따라 써 보세요.

固 固 固 固 固 固 固 固

| 固 | 固 | 固 | 固 | 固 | | |

1 〈보기〉의 ❶~❹에 해당하는 낱말을 따라 길에 줄을 그으세요.

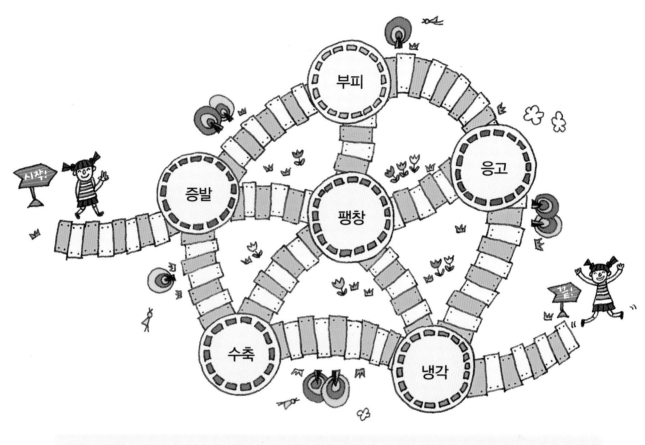

〈보기〉 ❶ 물체의 표면에서 액체가 기체로 되는 현상.

❷ 물체가 차지하는 공간의 크기.

❸ 액체가 엉겨 굳어져 고체로 되는 현상.

❹ 물체가 식어 차가워지는 것.

💡 ❶은 길이 시작하는 지점에, ❹는 길이 끝나는 지점에 있어요.

2 양쪽 한자에 공통으로 들어 있는 글자를 ❶~❹에서 고르세요.

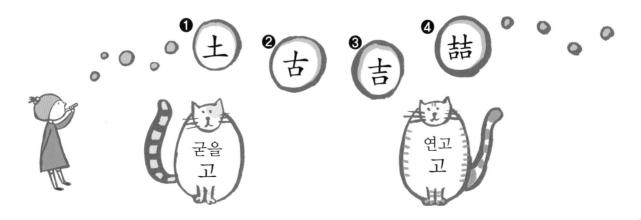

지구에서는 6킬로그램이던 꿀이 왜 달나라에서는 1킬로그램이 되었을까?

비밀은 바로 저울에 있어. 무게를 재는 저울에 쟀기 때문이지.

똑같은 꿀이라도 지구와 달의 중력이 다르다 보니 무게도 달라진단다.

하지만 토끼가 건네준 저울은 질량을 재는 저울이기 때문에

지구에서 재나 달에서 재나 똑같이 6킬로그램이 된단다.

'질량'이란 어떤 장소나 상태에서도 달라지지 않는

물질 고유의 변하지 않는 양이야.

> 왜 꿀이
> 1킬로그램밖에
> 안 되냐고!

바탕 질 質   분량 량 量

질 량

날▷ 물질【質】의 고유한 양【量】.

교▷ 어떤 장소나 상태에서도 달라지지 않는 물질의 고유한 양.

예▷ 달에 가면 무게는 줄어들지만, 질량은 변함없이 그대로이다.

질량은 양팔저울이나 접시저울에 추를 올려놓아 잰단다.

한쪽에는 물체를 올려놓고, 다른 쪽에는 추를 놓아

수평을 이루게 하지.

질량을 잴 때 기준이 되는 추를 '분동'이라고 해.

분동.   접시저울.

나눌 분 分   구리 동 銅

분 동

교▷ 무게의 기준이 되는 추. 주로 구리로 만든다.

예▷ 분동은 금속으로 만들며, 여러 종류가 있다.

©한국표준과학연구원

킬로그램 원기.

근원 원 原   그릇 기 器

원 기

교▷ 길이나 질량 등의 단위량 기준이 되는 기구.

예▷ 킬로그램 원기는 백금과 이리듐 합금의 원통형 모양으로 만들어져 있으며, 프랑스 파리의 국제도량형국에 보관되어 있다.

분동은 질량의 기준이 되는 것이니만큼 아주 정확하게

만들어야 해. 분동을 만드는 근원을 '원기'라고 한단다.

 쏙쏙 문제

빈칸에 알맞은 낱말을 〈보기〉에서 골라 써 보세요.   〈보기〉 질량, 분동, 원기

• 어떤 장소나 상태에서도 달라지지 않는 물체의 고유한 양을 ❶◯◯ 이라 한다.

• 프랑스 파리의 국제도량형국에는 세계에서 가장 정확한 킬로그램 ❷◯◯ 가 있다.

• 물체의 질량을 재려면 접시저울과 함께 기준이 되는 ❸◯◯ 이 있어야 한다.

제4일차

무게는 지구가 물체를 잡아당기는 힘의 크기야.
꿀의 무게가 6킬로그램이라면,
지구는 6킬로그램의 힘으로 꿀을 잡아당기는 셈이지.
지구가 물체를 잡아당기는 힘을 '중력'이라고 한다.
다음 글을 읽으며 물체의 무게와 관련된 낱말을 좀 더 알아보자.

무거울 중重 힘 력力
중력
교 지구가 지구 위의 물체를 잡아당기는 힘.
예 달의 중력은 지구의 중력의 6분의 1이다.

어느 날 오후, 백설기는 배가 몹시 고파 냉장고를 뒤졌어요.
용량이 너무 작은 냉장고 안에는 변변한 재료가 없었어요.
야채는 시들시들했고, 고기는 상한 냄새가 풍겼어요.
백설기는 겨우겨우 찾아낸 재료들로 빈대떡을 만들기로 했어요.
그런데 재료의 중량을 정확히 잴 수가 없었어요.
계량 저울은 고장나고, 계량 스푼도 없었기 때문이에요.

냉장고 용량을 늘리든지 계량 저울을 고치든지 해야겠어!

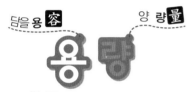

담을 용容 양 량量
용량
낱 교 담을【容】 수 있는 양【量】.

'용량'이란 가구나 그릇 등에 들어갈 수 있는 양을 말하는 거야.
냉장고나 세탁기 등에서 흔히 볼 수 있단다.
예 이 세탁기는 용량이 너무 작다.

무거울 중重 정도 량量
중량
낱 교 물건의 무거운【重】 정도【量】.

무게는 물체를 잡아당기는 중력의 크기라고 했지?
그래서 무게를 '중량'이라고 말하기도 한다.
예 그 선수는 중량 초과로 시합에 출전하지 못했다.

셀 계計 양 량量
계량
낱 교 물건의 양【量】을 잼【計】.

도구를 써서 무게나 양을 재는 걸 '계량'이라고 해.
요리할 때 쓰는 계량 저울을
떠올리면 쉽게 알 수 있을 거야!
예 무게를 정확히 계량하려면 저울이 필요하다.

계량 저울.

쏙쏙 문제

빈칸에 알맞은 낱말을 〈보기〉에서 골라 써 보세요.   〈보기〉 용량, 중량, 계량

• 요리할 때는 재료의 양을 정확히 잴 수 있는 ❶ ___ 저울이 있어야 한다.

• 저울이 없으면 재료의 ❷ ___ 을 정확히 재기 어렵다.

• 이 김치 냉장고는 이전 모델에 비해 값은 내려가고 ❸ ___ 은 더 커졌습니다.

質 _{5급}

바탕 질

총 15획 | 부수 貝, 8획

한 어부가 바닷가에서 이상한 조개를 발견했어.

어부는 껍데기를 벌리려고 안간힘을 쓰다가 마침내 도끼를 들었어. 아내도 옆에서 거들었지.

두 개의 도끼【斤】를 가운데 밀어 넣고 양쪽에서 힘껏 잡아당기자,

드디어 조개껍데기【貝】가 벌어지면서 눈부신 빛이 쏟아졌단다.

그 빛은 바로 진주였어. 도끼 덕분에 진주조개의 바탕이 드러나게 된 거지.

한자 암기카드

❶ 두 개의 도끼【斤斤】로

❷ 조개【貝】의 바탕이 드러나니

두 개의 도끼【斤斤】로 조개【貝】의 바탕이 드러나니, 바탕 질.

斤 + 斤 + 貝 = 質
도끼 근   도끼 근   조개 패   바탕 질

析 _{3급}

쪼갤 석

총 8획 | 부수 木, 4획

나무【木】를 도끼【斤】로 쪼개니, 쪼갤 석(析).

나무를 도끼로 내려치면 여러 조각으로 쪼개지지. 이 모양을 본뜬 글자야.

내용을 따로따로 나누고 쪼개는 일을 '분석'이라고 한다.

兵 _{5급}

병사 병

총 7획 | 부수 八, 5획

도끼【斤】를 하나씩【一】 나누어【八】 든 사람이니, 병사 병(兵).

총이나 칼이 발명되기 전에는 도끼가 가장 강력한 도구였어.

나무를 베거나 사냥할 때는 물론이고, 전쟁터에 나가는 병사들에게도 중요한 무기가 되지.

병사들은 싸움을 시작하기 전에 도끼를 하나씩 나누어 들고 마음을 다잡았을 거야.

'한자 암기카드'를 보고 빈칸에 들어갈 말을 써 보세요.

두 개의 ❶◯◯【斤斤】로 ❷◯◯【貝】의 바탕이 드러나니, 바탕 질(質).

質의 뜻은 바탕 이고, 음은 ❸◯ 입니다.

質의 어원을 생각하면서 필순에 따라 써 보세요.

質 質 質 質 質 質 質 質 質 質 質 質 質 質 質

質	質	質	質	質		

1

❶~❹의 뜻을 가진 낱말이 되도록 거미 등의 빈칸에 알맞은 글자를 쓰세요.

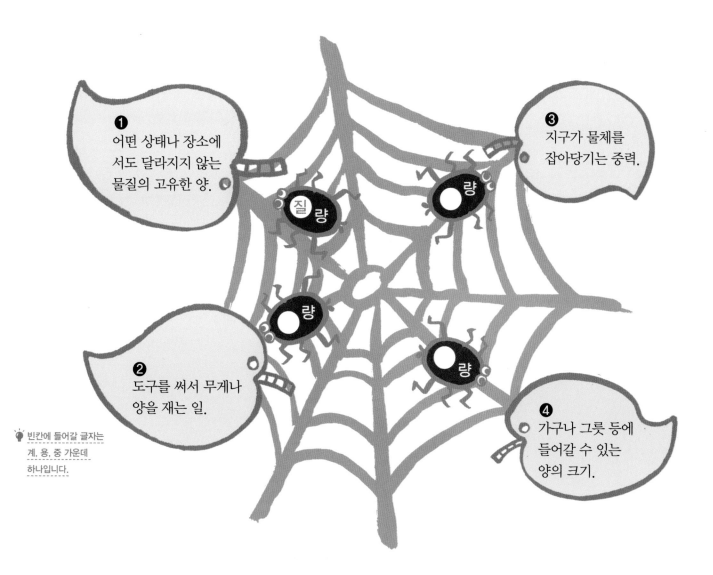

❶ 어떤 상태나 장소에서도 달라지지 않는 물질의 고유한 양.

❸ 지구가 물체를 잡아당기는 중력.

질량

량

량

량

❷ 도구를 써서 무게나 양을 재는 일.

❹ 가구나 그릇 등에 들어갈 수 있는 양의 크기.

💡 빈칸에 들어갈 글자는 계, 용, 중 가운데 하나입니다.

2

왼쪽에 음뜻이 주어진 한자를 오른쪽 빈칸에 쓰세요.

두 개의 도끼로 조개의 바탕이 드러나니, 바탕 질.

바탕 질

관찰 기록장

(4)학년 (5)반 이름(김현지)

관찰 대상	강낭콩
준비물	연필, 공책, 돋보기, 자, 관찰기록장

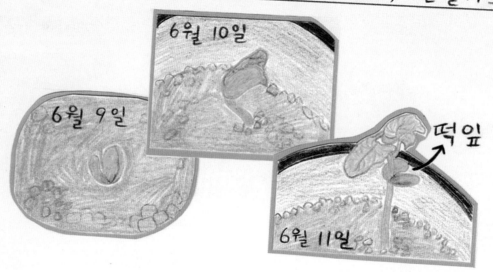

6월 9일

6월 10일

6월 11일

떡잎

'붓고'라고 쓴다.

뿌리가 나온 강낭콩을 흙에 심었다. 그 위에 물을 붓고

날짜를 적어 놓았다. 심은 지 삼 일이 지나자 싹이 올라왔

'하루 사이에'가 맞단다.

'피었다'가 옳단다.

다. 하룻 사이에 키가 훌쩍 크고 떡잎이 폈다 키가 더 자

라면 옆에 지지대를 새워주어야겠다 나중에 강낭콩이 열

'세워 주어야겠다'로 써야겠지.

리면 밥에 넣어서 먹어 보고 싶다.

* 이 글은 초등학교 4학년 어린이가 쓴 관찰 기록문입니다.

종이는 '펴고', 꽃은 '피고'

잎은 '펴다'가 아니라 '피다'라고 쓰는 거야.
'펴다'는 접히거나 개어 놓은 것을 젖혀서 벌리는 경우에
주로 쓴단다. 옷을 펴거나, 종이를 펼 때 쓰는 거야.
꽃이나 숯불은 '피다'라고 해야겠지.

다리니까
종이가 펴지네!

펴다

- 접히거나 개어 놓은 것을 젖혀서 벌리다.
  예) 이부자리를 폈다.
- 구김이나 주름을 없애어 반반하게 하다
  예) 다림질로 와이셔츠 주름을 폈다.
- 굽은 것을 곧게 하거나 움츠리고 구부러진 것을 벌리다.
  예) 굽은 철사를 펴서 일자로 만들었다.

꽃이 활짝
피었구나!

피다

- 꽃봉오리 따위가 벌어지다.
  예) 무궁화가 활짝 피다.
- 사람 얼굴에 살이 오르고 혈색이 좋아지다.
  예) 잘 먹어서 얼굴이 피고 통통해졌다.
- 가정의 수입이 늘어서 형편이 나아지다.
  예) 아버지 사업이 잘되어서 형편이 피었다.

1 ❶~❸에서 이어진 길을 따라가면 두 글자로 된 낱말이 완성됩니다.
그 낱말을 알맞은 뜻과 이으세요.

💡 완성된 세 낱말은
증발, 고갈, 질량입니다.

물체의 표면에서
액체가 기체로
되는 것.

물이 말라 없어지듯,
무엇이 없어져
매우 귀해짐.

어떠한 상황에서도
달라지지 않는 물질의
고유한 양.

2 양쪽 한자에 공통으로 들어 있는 글자를 ❶~❹에서 고르세요.

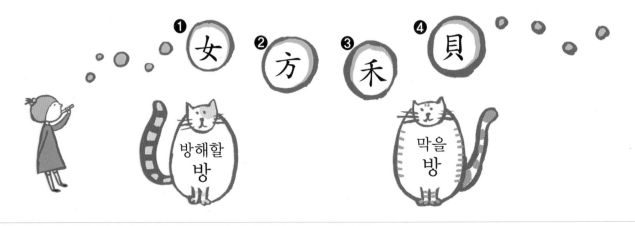

❶ 女 ❷ 方 ❸ 禾 ❹ 貝

방해할
방

막을
방

제
5
일
차

3

빨간 별의 '방'과 빈칸의 글자가 합쳐지면 주어진 뜻을 갖는 낱말이 돼요.
❶∼❸의 빈칸에 알맞은 글자를 쓰세요.

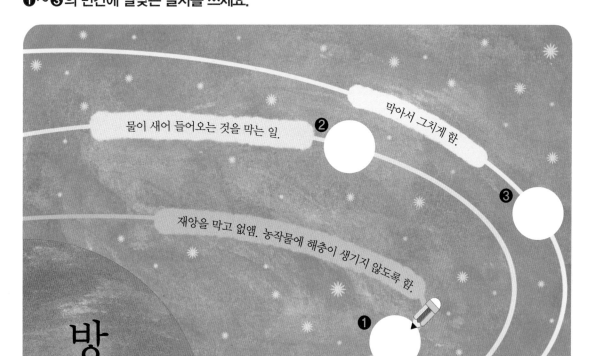

물이 새어 들어오는 것을 막는 일. ❷

막아서 그치게 함.

❸

재앙을 막고 없앰. 농작물에 해충이 생기지 않도록 함.

❶

방

💡 빈칸에 들어갈
글자는 지, 수, 제
가운데 하나입니다.

4

〈보기〉에서 설명하는 한자를 빈칸에 각각 쓰세요.

〈보기〉 ❶ 물을 죄인에게 그릇으로 떠 주는 따뜻한 마음이니, 따뜻할 온.
　　　 ❷ 겉테두리가 오래되면 굳어지고 단단해지니, 굳을 고, 단단할 고.

❶

皿
囚
氵

❷

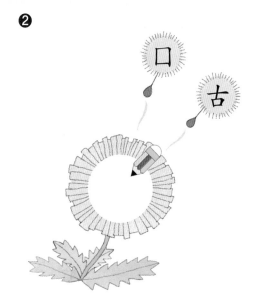

口
古

💡 바깥쪽에 있는
글자들을 합치면
한자의 모양을
알 수 있어요.

1~3 빈칸에 들어갈 낱말을 〈보기〉에서 골라 쓰세요.

> 〈보기〉 온돌, 방지, 냉각

1. 오늘날에는 레이더 등을 이용하여 빙산으로 인한 사고를 미리 (　　　　)하고 있습니다.

2. 액체인 물을 (　　　　)시키면 고체인 얼음이 됩니다.

3. (　　　　)은 아궁이에 불을 때어 방바닥을 따뜻하게 하는 난방 방식입니다.

4~5 다음 글을 읽고 물음에 답하세요.

> 다리나 도로를 지나갈 때, 이음매 부분에 틈이 있는 것을 본 적이 있습니까?
> 이것은 콘크리트가 열에 의해서 ㉠**팽창**하거나 (　㉡　)하는 것을 고려하여 일정한 틈을
> 만들어 둔 것입니다.

4. ㉠의 뜻으로 바른 것을 고르세요. (　　　　)

   ❶ 부피가 커짐.　　　❷ 부피가 줄어듦.　　　❸ 무게가 늘어남.
   ❹ 무게가 줄어듦.　　　❺ 온도가 올라감.

5. ㉡에 들어갈 말로, ㉠의 반대가 되는 말을 두 글자로 쓰세요.

   (　　　　　　　　)

6. 〈보기〉의 빈칸에 공통으로 들어갈 낱말을 쓰세요.

> 〈보기〉 폐식용유로 (　　　　) 비누를 만들어 봅시다.
> 바람은 고갈될 염려가 없고 공해를 일으키지 않는 (　　　　) 에너지원이다.
> 이 컴퓨터는 동영상 (　　　　)이 잘 안 되어 쓰기가 불편하다.

   (　　　　　　　　)

7 ~ 9 다음 글을 읽고 물음에 답하세요.

> (가) 주로 초등학생에게 나타나는 성장통은 종아리와 정강이 또는 허벅지가 아픈 증상을 보인다. 소아마비와 비슷한 증상을 보이나, 소아마비 (㉠) 접종을 받은 어린이라면 크게 걱정할 것이 없다.
>
> (나) 우리가 사용하는 분동은 ㉡**질량** 원기인 킬로그램 원기와 비교하여 만듭니다. 킬로그램 원기는 프랑스 파리의 국제도량형국에 보관되어 있습니다.

7. ⓐ의 이름을 위 글에서 찾아 두 글자로 쓰세요.

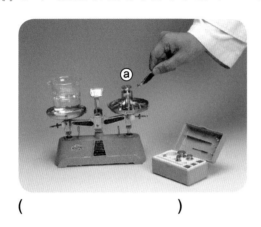

(   )

8. ㉠에 들어갈 말은 무엇인지 고르세요. (   )

❶ 소방   ❷ 방수   ❸ 예방

❹ 처방   ❺ 방지

9. ㉡의 뜻으로 바른 것을 고르세요. (   )

❶ 물체를 잡아당기는 힘의 크기
❷ 물체의 무게를 비교할 때 쓰는 추
❸ 가구나 그릇 등에 들어갈 수 있는 양
❹ 어떤 물체가 공간 안에서 차지하는 크기
❺ 어떤 장소나 상태에서도 달라지지 않는 물질의 고유한 양

10. 〈보기〉의 빈칸에 들어갈 낱말을 세 글자로 쓰세요.

> 〈보기〉 지구 (   )란, 지구의 평균 기온이 갈수록 높아지는 현상이다.

(   )

인터뷰는 서로를 보는 것!

좋아하는 스타와 인터뷰를 하게 된다면 얼마나 좋을까!
생각만으로도 가슴이 두근거리지 않니?
이렇게 우리가 흔히 쓰는 인터뷰^{interview}라는 말은
서로^{inter-} 바라본다^{view}라는 의미야. 그래서 인터뷰^{interview}는
서로를 바라보며 묻고 대답한다는 뜻, 면접이나 회견이 된 거야.

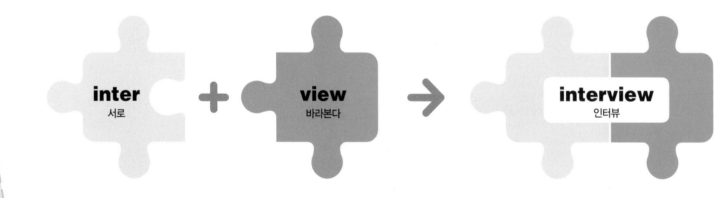

inter
서로

+

view
바라본다

→

interview
인터뷰

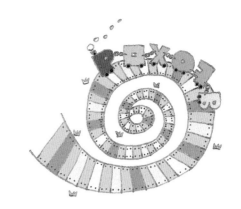

정리해 볼까?
두 가지 또는 그 이상의 사물이나 장소, 사람을 서로 연결해
'~사이에, ~상호 간에'라는 의미로 쓰고자 할 때,
그 앞에 인터inter-를 붙이면 된다는 얘기야.
인터inter-가 들어가 있는 말은 영어 단어에서 많이 나오는데
그중에 자주 쓰이는 말들을 알아볼까?

inter**national**

국가와 국가의national 사이inter- 라는
뜻으로 '국제적인'이라는 의미로 쓰여.
반기문 유엔 사무총장님처럼
우리도 국제적인
사람이 되도록
큰 꿈을
가져 보자.

inter**net**

우리 모두가 잘 아는 인터넷internet이란
단어는 '컴퓨터가 그물망net 처럼
서로inter- 연결되어 있는 것'을 말해.
인터넷 덕분에 전 세계에 있는 정보를
집에서도 알 수
있게 된 거지.

inter**action**

글자 그대로 서로 간에inter- 작용action이
일어나는 것, 즉 '상호 작용'이란 뜻이야.
일방적이 아니라 서로 간에 영향을
끼친다는 거지.

inter**change**

인터체인지interchange, 무슨 뜻인지
짐작할 수 있겠지?
change는 '바꾸다'라는 뜻이니까
인터체인지는 서로inter- 바꾸다change,
즉 '서로 주고받다, 교환하다'라는
의미가 되겠지. 쉽지?

콕콕 정답

제1일차

05쪽 1. 상승 2. 온난화 3. 고층
    4. 방지 5. 심해 6. 해수면
06쪽 ❶ 온실 ❷ 온난화 ❸ 온돌
07쪽 ❶ 재생 ❷ 고갈 ❸ 대체
08쪽 ❶ 물 ❷ 죄인 ❸ 그릇
    ❹ 온

09쪽

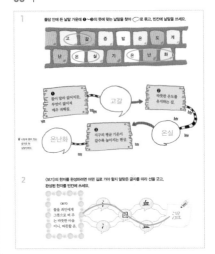

제2일차

10쪽 ❶ 방지 ❷ 방어 ❸ 예방
11쪽 ❶ 방제 ❷ 방수 ❸ 방파제
12쪽 ❶ 언덕 ❷ 사방 ❸ 둑 ❹ 방

13쪽

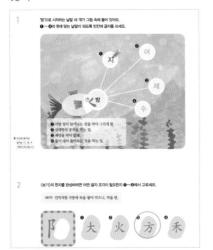

제3일차

17쪽 1. 착륙 2. 부피 3. 질량
    4. 안절부절 5. 정월 6. 옥신각신
18쪽 ❶ 부피 ❷ 팽창 ❸ 수축
19쪽 ❶ 냉각 ❷ 응고 ❸ 증발
20쪽 ❶ 테두리 ❷ 오래되면 ❸ 고

21쪽

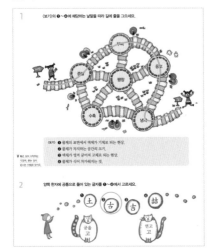

제4일차

22쪽 ❶ 질량 ❷ 원기 ❸ 분동
23쪽 ❶ 계량 ❷ 중량 ❸ 용량
24쪽 ❶ 도끼 ❷ 조개 ❸ 질

25쪽

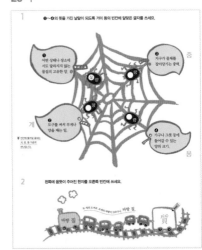

제5일차

도전! 어휘왕
28-29쪽

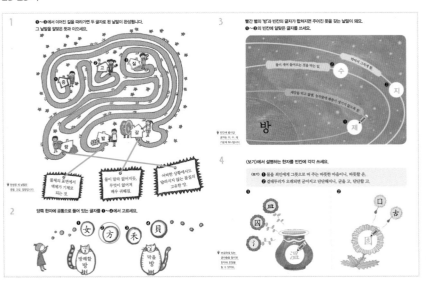

평가 문제
30-31쪽 1. 방지 2. 냉각 3. 온돌 4. ❶ 5. 수축
    6. 재생 7. 분동 8. ❸ 9. ❺ 10. 온난화

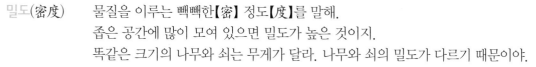

상태 변화와 관련된 과학 용어

물질은 끊임없이 상태를 변화시키고 있어.

물을 보렴. 액체에서 고체로, 기체로

끊임없이 변화하고 있잖아?

물질의 상태가 변화하는 데 관계있는 단어들을 살펴보자.

밀도(密度)	물질을 이루는 빽빽한【密】 정도【度】를 말해. 좁은 공간에 많이 모여 있으면 밀도가 높은 것이지. 똑같은 크기의 나무와 쇠는 무게가 달라. 나무와 쇠의 밀도가 다르기 때문이야.
용액(溶液)	물질이 녹아【溶】 섞여 있는 액체【液】야. 물에 설탕이 녹아 있으면 '설탕 용액'이지.
용해(溶解)	물질이 녹아【溶】 그 형태가 풀리는【解】 일이야. 소금을 물에 넣으면 조금 후에 물에 녹아 소금이 없어지지?
용질(溶質)	용질은 용액【溶】을 만드는 물질【質】을 말한다. 소금물은 용액이고, 소금은 용질이야.
농도(濃度)	진한【濃】 정도【度】를 말해. 용액에 녹아 있는 용질의 양에 따라 농도가 달라진단다.
포화(飽和)	더 녹을 수 없을 만큼 가득【飽】 차【和】 있는 상태야. 소금은 물에 잘 녹지만, 너무 많은 양의 소금을 넣으면 어느 정도 이상은 더 녹지 않고 밑에 가라앉아 버리지. 포화 상태를 지나 버린 거야.
액화(液化)	고체나 기체가 액체【液】로 바뀌는【化】 현상이란다. 물이 끓을 때 수증기가 공기 중으로 나오면 찬 공기와 닿아 열을 빼앗기며 물방울이 되는데, 이것이 액화란다.
기화(氣化)	고체나 액체가 기체【氣】로 바뀌는【化】 일이야. 물이 끓어 수증기가 되는 것이나, 빨래가 마르는 것을 모두 기화라고 해.
증발(蒸發)	기화의 일종인데, 특히 물체의 표면에서 액체가 기체로 바뀌는 것을 증발이라고 해. 그릇에 물을 담아 두면 시간이 지날수록 점점 줄어들지.
융해(融解)	고체가 녹아【融】 풀어지면서【解】 액체가 되는 거야. 얼음이 녹아 물이 되는 것이 대표적인 융해 현상이지.
응고(凝固)	액체가 엉기어【凝】 굳으면서【固】 고체가 되는 거야. 촛농이 떨어져 굳는 것을 보면 알 수 있어.

마법의 상위권 어휘 스스로 평가표

01

다음 네 낱말 중 뜻을 자신 있게 말할 수 있는 낱말은 ○표, 알쏭달쏭한 낱말은 △표, 자신 없는 낱말은 ×표 하세요.

온난화 (　　) | 방지 (　　) | 부피 (　　) | 질량 (　　)

02

다음 네 한자 중 음과 뜻을 자신 있게 말할 수 있는 것은 ○표, 알쏭달쏭한 것은 △표, 자신 없는 것은 ×표 하세요.

溫 (　　) | 防 (　　) | 固 (　　) | 質 (　　)

03

〈평가 문제〉를 모두 풀고 정답을 확인해 보세요. 10문항 중 내가 맞힌 문항 수는 몇 개인가요?

❶ 9-10 문항 (　　) | ❷ 7-8 문항 (　　) | ❸ 3-4 문항 (　　) | ❹ 1-2 문항 (　　)

| 부모님과 선생님께 |

위에서 어린이가 스스로 적은 내용을 보고, 어린이가 어려워하는 부분을 함께 보면서
어휘의 뜻과 쓰임을 이해할 수 있도록 해 주세요.

초등 **4-2** 단계

어휘를 알아야 만점을 잡는다!

스토리텔링식 신교과서 학습을 위한

마법의
상위권
어휘

제 **3** 호

어휘가
쑥쑥 자라요.

부모님과 선생님께서는 이렇게 지도해 주세요

제 **1** 일차	제 **2** 일차	제 **3** 일차	제 **4** 일차	제 **5** 일차
신기한 맹그로브 이야기를 읽고, 대표 어휘 '떡잎'의 뜻과 한자 '雙'을 익힙니다. '떡잎'에서 확장된 여러 낱말의 뜻을 스스로 추론해 보도록 지도해 주세요.	대표 어휘 '종자'의 뜻과 한자 '種'을 익히고, 관계있는 낱말도 함께 익힙니다. 다지기 문제를 풀어 보고, 여러 가지 바람의 종류도 익히도록 해 주세요.	오만에 다녀온 친구의 이야기를 읽고, 대표 어휘 '순환'과 한자 '環'을 익힙니다. '순환'에서 확장된 여러 낱말의 뜻을 스스로 추론해 보도록 해 주세요.	대표 어휘 '민물'의 뜻과 한자 '淡'을 익히고, 관계있는 낱말도 함께 익힙니다. 다지기 문제를 풀어 보고, '쇠다'와 '세다'를 구별하여 쓸 수 있도록 해 주세요.	재미있는 게임 문제와 함께 학교 시험 유형의 평가 문제를 풀며 어휘 실력을 다집니다. '타임머신(time machine)'과 구성 원리가 비슷한 영단어들도 익히도록 해 주세요.

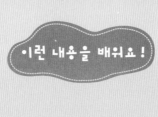
이런 내용을 배워요!

63빌딩 수족관에서 본 신기한 나무, 맹그로브!
물속 곳곳에 새끼 나무들이 떡잎을 내민
나무였지요. 종자를 퍼뜨리는 대신 나무 순이
떨어져 나가 뿌리를 내린 거래요.

어휘랑 놀자 1
아름답고 구금한 우리말 이야기
바람의 종류

제 1 일차

교과서 학습 어휘 01
맛보기
돋보기1
한자가 술술
다지기

떡잎
본잎 쌍수 쌍벽 홑잎 겹잎

제 2 일차

돋보기2
한자가 술술
다지기

종자
파종 토종 멸종 접종 종목
품종

雙

進

種

香

和

삼촌을 따라 중동의 오만이란 나라를 다녀왔어요.
순환 버스를 타고 가면서 머리에 터번을 두른 사람도
보았고요. 물이 귀한 나라지만 바닷물을 민물로
바꾸어 쓰는 덕분에 수세식 화장실을 쓰게 된
이야기도 들었답니다.

제 **3** 일차

교과서 학습 어휘 02
맛보기
돋보기1
한자가 술술
다지기

순환
순환 기관 환경 환태평양
화환 색상환

어휘랑 놀자 3
외래어로 배우는 워드 라고요!
타임머신(time machine)

제 **5** 일차

도전! 어휘왕
평가 문제

環

還

민물
민소매 민무늬 담수
담백 농담

제 **4** 일차

돋보기2
한자가 술술
다지기

어휘랑 놀자 2
비슷해서 틀리기 쉬운 말 비교해서 틀리지 말자
명절은 '쇠고', 숫자는 '세고'

炎

淡

談

◑ 글 속의 주황색 낱말들은 무슨 뜻일까요? 잘 생각하면서 다음 글을 읽어 보세요.

"선생님, 이 나무는 뭐예요? 꼭 문어발 같아요!"

63빌딩 수족관에 갔다가, 희한하게 생긴 나무를 보고 내가 소리쳤다.

"아, 이건 맹그로브란다. 문어발처럼 보이는 것들은 뿌리야.

이 나무는 뿌리로 호흡하기 때문에 뿌리가 물 위로 솟아 나와 있지."

선생님의 말씀을 듣고, 나는 호기심이 생겨 나무 가까이 다가가 보았다.

그런데 자세히 보니 물속 곳곳에 작은 나무들이 떡잎을 내밀고 있었다.

"선생님, 이것도 맹그로브인가요? 떡잎이 달려 있어요!"

"그래. 어린 맹그로브들이 물속에 뿌리를 내린 거란다.

맹그로브는 다른 식물처럼 종자를 퍼뜨리지 않아.

줄기에서 돋아난 나무 순이 바람에 떨어져 나가 바닷물에 뿌리를 내리지.

그래서 '새끼 낳는 나무'라는 별명도 있단다."

맹그로브는 식물에 대한 나의 고정관념을 송두리째 깨뜨려 주었다.

땅 위로 솟아 나온 뿌리에, '새끼'를 낳고, 바닷물을 먹고 자라는 나무라니!

왜 이름이 맹그로브지?

외국에서 왔나 봐.

나무는 다 씨앗으로 번식하는 줄 알았는데.

그래서 별명이 새끼를 낳는 나무래잖아.

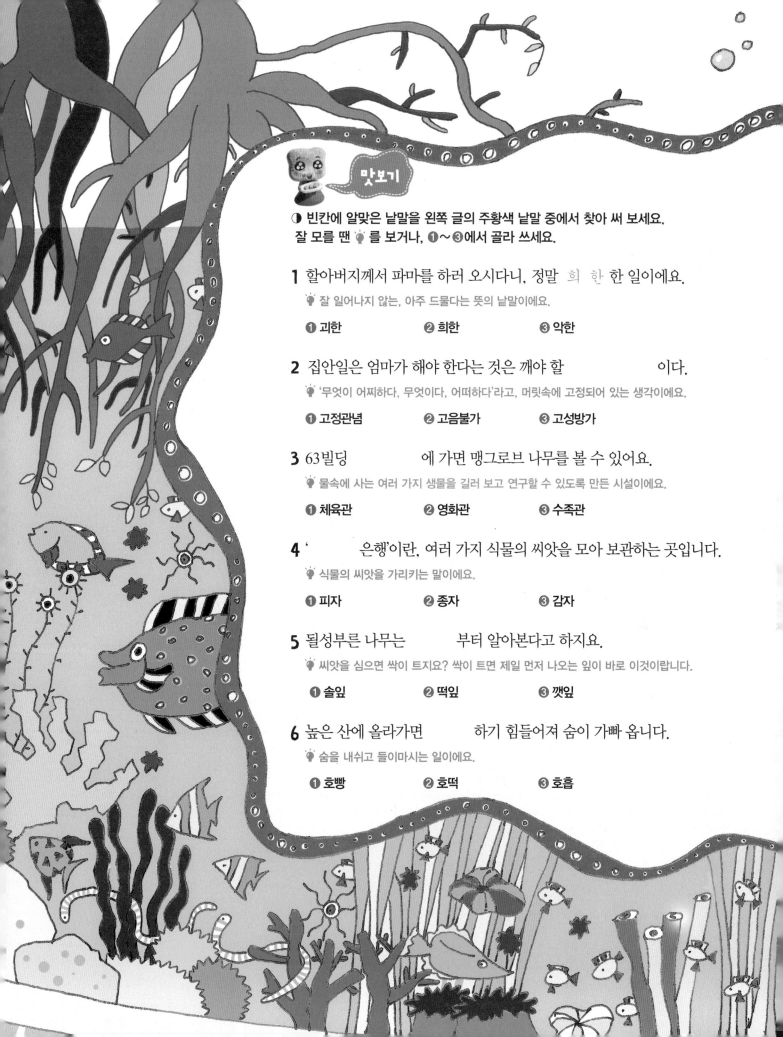

맛보기

◑ 빈칸에 알맞은 낱말을 왼쪽 글의 주황색 낱말 중에서 찾아 써 보세요.
잘 모를 땐 💡 를 보거나, ❶～❸에서 골라 쓰세요.

1 할아버지께서 파마를 하러 오시다니, 정말 희 한 한 일이에요.

💡 잘 일어나지 않는, 아주 드물다는 뜻의 낱말이에요.

❶ 괴한   ❷ 희한   ❸ 악한

2 집안일은 엄마가 해야 한다는 것은 깨야 할 _____ 이다.

💡 '무엇이 어찌하다, 무엇이다, 어떠하다'라고, 머릿속에 고정되어 있는 생각이에요.

❶ 고정관념   ❷ 고음불가   ❸ 고성방가

3 63빌딩 _____ 에 가면 맹그로브 나무를 볼 수 있어요.

💡 물속에 사는 여러 가지 생물을 길러 보고 연구할 수 있도록 만든 시설이에요.

❶ 체육관   ❷ 영화관   ❸ 수족관

4 '_____ 은행'이란, 여러 가지 식물의 씨앗을 모아 보관하는 곳입니다.

💡 식물의 씨앗을 가리키는 말이에요.

❶ 피자   ❷ 종자   ❸ 감자

5 될성부른 나무는 _____ 부터 알아본다고 하지요.

💡 씨앗을 심으면 싹이 트지요? 싹이 트면 제일 먼저 나오는 잎이 바로 이것이랍니다.

❶ 솔잎   ❷ 떡잎   ❸ 깻잎

6 높은 산에 올라가면 _____ 하기 힘들어져 숨이 가빠 옵니다.

💡 숨을 내쉬고 들이마시는 일이에요.

❶ 호빵   ❷ 호떡   ❸ 호흡

정월 대보름날 먹는 부럼의 하나인 호두, 참 고소하고 맛있지?
우리가 흔히 보는 호두는 열매가 아니라 씨앗이란다.
늦가을이면 호두 열매가 벌어지며 딱딱한 씨앗이 튀어나오고,
씨앗 껍질 속에 고소하고 맛있는 부분이 들어 있는데,
이것은 씨앗이 싹터 제일 먼저 돋아 나오는 '떡잎'이 될 부분이란다.

열매가 벌어진 틈으로 튀어나온 호두 씨앗.

떡잎

낱 아주 작고 어린【떡-】 잎.
교 씨앗이 싹터 땅 밖으로 나올 때 제일 먼저 돋아 나오는 잎.
예 씨앗을 심은 지 일주일 만에 떡잎이 고개를 내밀었다.

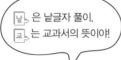
낱 은 낱글자 풀이.
교 는 교과서의 뜻이야!

배추의 떡잎.

떡잎이 돋아난 지 얼마 후면 떡잎 사이로 작은 잎이 얼굴을 내민다.
이것을 '본잎'이라고 해. 식물의 본래 잎, 앞으로 가지를 뻗고 꽃을 피울 잎이지.

본잎

낱 식물 본래【本】의 잎.
교 떡잎 뒤에 나오는 보통의 잎.
예 본잎이 나기 시작하면 떡잎은 시들게 된다.

식물에 따라 떡잎이 한 장인 것도 있고, 두 장인 것도 있어.
한 장인 것을 '외떡잎', 두 장인 것을 '쌍떡잎'이라고 해.
주위에서 흔히 볼 수 있는 식물 중 콩이나 봉숭아는
쌍떡잎식물이고, 벼나 보리, 밀 등은 외떡잎식물이지.
'쌍떡잎'의 '쌍-'은 둘이 짝 지어 된 것을 말해.
한 어머니로부터 한번에 태어난 두 아이를 '쌍둥이'라고 하지?

본잎이 나오는 배추.

대파도
외떡잎식물이란다!

쏙쏙 문제

빈칸에 알맞은 낱말을 〈보기〉에서 골라 써 보세요.　　〈보기〉 떡잎, 본잎, 쌍떡잎

• 씨앗이 싹터 제일 먼저 돋아 나오는 잎을 ❶⬜⬜ 이라 한다.

• 오이, 토마토, 감자는 떡잎이 두 장 돋아 나오는 ❷⬜⬜⬜ 식물이다.

• 식물의 ❸⬜⬜ 은 떡잎 후에 돋아나오는 본래의 잎을 말한다.

제1일차

'쌍–'은 그 외에도 '쌍수', '쌍벽' 같은 말에 쓰인단다.

쌍 쌍 雙 / 손 수 手

쌍수

낱 교 두【雙】 손【手】.

너무 기쁘거나 반가우면 저절로 두 손이 올라가지? '쌍수를 든다'는 표현으로 많이 써.

예 쌍수를 들어 환영할 만한 제안이다.

야호~ 우리가 떡 마을에서 쌍벽을 이루는 떡이라니!

정말 기뻐요!

쌍 쌍 雙 / 둥근옥 벽 璧

쌍벽

낱 교 두【雙】 개의 구슬【璧】.

여럿 가운데 특별히 뛰어난 둘을 가리켜. '쌍벽을 이룬다'고 말하지.

예 민주와 선희는 농구부에서 쌍벽을 이룬다.

본잎이 나면 식물은 본격적으로 자라나 가지가 뻗고 잎이 달리지.
그런데 잎을 자세히 보면 돋아난 모양이 제각각 다를 거야.
은행나무 잎은 가지에서 뻗어 나온 잎자루에 큰 잎이 하나만 달려 있어.
이런 잎은 '하나'를 뜻하는 '홑–'을 써서 '홑잎'이라고 한단다.

잎자루에 잎이 하나만 달린 은행나무 잎.

홑잎

낱 교 잎자루에 한【홑】 장의 잎사귀만 달린 잎.

예 강낭콩의 첫 본잎은 홑잎이다.

잎자루에 3~4개의 잎이 달리는 클로버 잎.

'네잎클로버'란 말도 있듯, 클로버는 한 잎자루에 서넛씩 잎이 달려 있어. 이렇게 잎이 둘 이상 달려 나오는 것을 '겹잎'이라고 해.

겹잎

낱 교 잎자루에 여러 개의 홑잎이 붙어 겹을 이룬 잎.

예 강낭콩의 본잎은 첫 잎을 제외하면 겹잎이다.

나는 홑–.
너희는 겹–.

쏙쏙 문제

빈칸에 알맞은 낱말을 <보기>에서 골라 써 보세요.

〈보기〉 홑, 겹

• 추운 날씨에 천 한 장뿐인 ❶ ____ 이불을 덮고 자면 감기에 걸리기 십상이다.

• 잠자리는 수없이 많은 눈이 모여 있는 ❷ ____ 눈 덕분에 먹잇감을 놓치지 않는다.

雙 준3급

쌍 쌍

총 18획 | 부수 隹, 10획

'한 쌍의 새가 나무에 앉아 있다'라는 말을 들으면
새가 몇 마리인지 바로 알 수 있지? '쌍'은 둘을 가리키는 말이야.
두 마리 새【隹】를 손【又】에 한꺼번에 잡은 모습에서 나온 글자거든!

한자 암기카드

❶ 새 두 마리【隹隹】를
❷ 손【又】에 잡으니

새 두 마리【隹隹】를 손【又】에 잡으니,
쌍 쌍.

隹 + 隹 + 又 = 雙
새 추　　새 추　　(손 모양)　　쌍 쌍

❷ 又는 '또', '오른손'의 뜻이 있음.

절에 가면 흔히 초나 등잔을 놓을 수 있게
돌로 만든 석등을 볼 수 있어.
석등 중에는 아랫부분에 사자 두 마리를 조각해 놓은
'쌍사자 석등'이 있어. 서로 가슴을 맞대고, 뒷발로 아랫돌을
디디고 서서 윗돌을 받치고 있는 사자의 모습이 보이지?

進 준4급

나아갈 진

총 12획 | 부수 辶, 8획

새【隹】처럼 앞으로 나아가니【辶】, 나아갈 진(進).
앞으로 향하여 나아가거나 일 따위를 처리해 나가는 것을
'진행(進行)'이라고 하지?
새는 뒤로는 못 가고, 항상 앞으로만 간다.
'나아갈 진(進)'은 바로 이런 모습에서 나온 글자야.

쌍사자 석등.

'한자 암기카드'를 보고 빈칸에 들어갈 말을 써 보세요.

❶ ◯ 두 마리【隹隹】를 ❷ ◯ 【又】에 잡으니, 쌍 쌍(雙).

雙의 뜻은 쌍 이고, 음은 ❸ ◯ 입니다.

- -

雙의 어원을 생각하면서 필순에 따라 써 보세요.

| 雙 | 雙 | 雙 | 雙 | 雙 | 雙 | 雙 | 雙 | 雙 | 雙 | 雙 | 雙 | 雙 | 雙 | 雙 | 雙 | 雙 |

| 雙 | 雙 | 雙 | 雙 | 雙 |

1

❶~❸의 뜻을 찾아 길에 줄을 그으세요.

2

〈보기〉에서 설명하는 한자를 빈칸에 각각 쓰세요.

〈보기〉 ❶ 새 두 마리를 손에 잡으니, 쌍 쌍.
　　　 ❷ 새처럼 앞으로 나아가니, 나아갈 진.

❶

❷

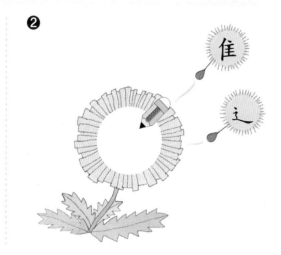

바깥쪽에 있는 글자들을 합치면 한자의 모양을 알 수 있어요.

종자 은행 내부.

'종자 은행'이라는 것이 있어. 이곳에서는 식물의 씨앗을 보관했다가
필요한 사람들에게 빌려 준단다. 씨앗을 빌려 간 사람은 잘 키워서 새로 씨를 받아.
이 새로운 씨앗을 다시 은행에 보관하지. 마치 은행을 통해 돈이
돌고 도는 것처럼 씨앗이 돌고 도는 곳, 그곳이 바로 '종자 은행'이야.

씨앗 종 種   접미사 자 子

종자

낱▷ 식물의 씨앗【種子】.
교▷ 논이나 밭에 뿌리기 위해 받아 둔 채소나 곡식의 씨.
예▷ 세계 각국은 수십 년 전부터 종자 은행을 설립해 왔다.

종자 은행이 왜 필요하냐고?
'한 알의 종자가 세계를 지배하는 날이 곧 올 것'이라는 말이 있어.
인구가 늘면 그만큼 식량도 더 필요한데, 농사지을 땅은 턱없이 부족해.
그러니 더 잘 자라고, 더 많이 거둘 수 있는 식물을 만들어 내야겠지.
그래서 종자 은행은 씨앗을 종류별로 보관해 두고, 새로운 품종을 만들어 내는
연구를 돕는단다. 토종 식물을 잘 보관하여 멸종되지 않도록 하는 것도 중요한 일이지.

뿌릴 파 播   씨앗 종 種

파종

낱교▷ 씨앗【種】을 뿌림【播】.
논이나 밭에 씨앗을 뿌리는 일을 '파종'이라고 해.
예▷ 이 씨앗은 4월경에 파종한다.

땅 토 土   씨앗 종 種

토종

낱교▷ 특정한 땅【土】에서 자란 종자【種】.
대대로 그 땅에서 나고 자라는 종자를 '토종'이라고 해.
예▷ 토종 동식물이 점점 사라져 간다.

없어질 멸 滅   씨앗 종 種

멸종

낱교▷ 종자【種】가 완전히 없어짐【滅】.
종자가 아예 없어져 버리는 거야.
'멸종'된 종자는 다시는 볼 수 없지.
예▷ 생태계 파괴로 멸종 위기에 처한 동물들.

쏙쏙 문제

빈칸에 알맞은 낱말을 〈보기〉에서 골라 써 보세요.   〈보기〉 파종, 토종, 멸종

• 식물의 씨앗을 뿌리는 시기를 ❶⬚⬚ 기라고 한다.

• 외국에서 들어온 각종 식물에 밀려, 우리의 고유 ❷⬚⬚ 식물들이 사라져 간다.

• ❸⬚⬚ 위기에 처한 크낙새, 오리너구리, 판다 등은 보호해야 할 동물이다.

'종(種)'은 씨앗을 뜻하는 말이지. 그런데 씨앗에는 워낙 많은 종류가 있어서
'종류'라는 말로도 쓰이게 되었어. 또 씨앗은 심는 게 중요하니까 '심다'라는 뜻도 갖게 되었지.
'종(種)'이 쓰인 낱말을 다음 글 속에서 찾아보자.

떡 마을에서 애견 달리기 대회가 열리게 되었어요.
이웃 마을에서도 많은 개들이 참가하러 와글와글 몰려왔어요.
우승하는 개는 1년 동안 각종 예방 접종을 무료로 받게 된대요.
떡구가 참가한 종목은 '꼬불꼬불 논두렁 빨리 달리기'인데,
떡 마을의 또 다른 애견 헐떡이도 떡구와 같은 종목에 참가했어요.
다리가 길고 튼튼한 품종인 헐떡이는 이 종목의 강력한 우승 후보랍니다.

접붙일 접 接　　심을 종 種

[낱] 몸에 붙여【接】 심는【種】 일.

예방 '접종'은 힘이 약한 병균을 미리 몸에 넣어
면역 능력을 길러 주는 일이야.
그렇게 하면 몸속에서 병균과 싸우는 힘이 생긴단다.
[예] 광견병 예방 접종.

종류 종 種　　항목 목 目

[낱][교] 종류【種】에 따른 항목【目】.

여러 가지 종류에 따라 나눈 항목을 '종목'이고 해.
'올림픽 경기 종목', '양궁 전 종목 금메달'처럼,
특히 운동 경기에 많이 쓰인단다.
[예] 우리나라 선수들이 육상 종목 결승전에 진출했습니다.

흠흠. 우리 떡구는
어떤 품종일까?

그야 당연히
잡종이죠.

물건 품 品　　종류 종 種

[낱][교] 물건【品】의 종류【種】.

개들도 진돗개, 삽사리 등 여러 종류가 있지.
이들은 종류별로 뚜렷한 특징이 있어.
'품종'은 이처럼 농작물이나 가축을 특성에 따라 구분한 것이야.
[예] 이 벼는 공해에 잘 견디는 새로운 품종입니다.

쏙쏙 문제

빈칸에 알맞은 낱말을 〈보기〉에서 골라 써 보세요.　　〈보기〉 접종, 품종, 종목

• 2008년도 올림픽에서 우리나라는 26개 ❶_____ 에 출전하여 좋은 성적을 거두었다.

• 유행성 독감이 기승을 부리고 있습니다. 노약자는 반드시 예방 ❷_____ 을 하시기 바랍니다.

• 국내에서 나오는 사과 ❸_____ 에는 부사, 홍로 등이 있다.

한자의 뜻과 유래에 대한 설명을 읽고, 한자를 익혀 보세요.

種 ^{5급}

씨앗, 종류, 심을 종

총 14획 | 부수 禾, 9획

농사는 땅에 씨앗을 심는 것에서 시작되지.

씨앗을 종류별로 잘 구분하는 일은 매우 중요해.

잘못해서 엉뚱한 씨앗을 뿌렸다간 농사를 망칠 수도 있으니 말이야.

그래서 농부들은 종자로 쓸 씨앗을 잘 분류해서 소중히 보관했단다.

여기서 '벼 화(禾)'는 곡식의 대표로 쓰인 거야.

씨앗을 보관하던 뒤웅박.

한자 암 기 카 드

❶ 곡식【禾】에서

❷ 중요한【重】것은 씨앗을 종류별로 잘 심는 일이니

곡식【禾】에서 **중요한【重】** 것은 씨앗을 종류별로 잘 심는 일이니, **씨앗 종, 종류 종, 심을 종.**

$$禾 + 重 = 種$$

벼 화　　중요할 중　　씨앗 종, 종류 종, 심을 종

香 ^{준 4급}

향기 향

총 9획 | 부수 香

벼【禾】가 햇빛【日】에 익어 향기로우니, 향기 향(香).

농부에게 벼가 누렇게 익어 가는 가을 들판의 모습은

활짝 핀 꽃동산보다도 아름답게 느껴졌겠지?

세상의 어떤 꽃도, 햇빛 아래 탐스럽게 익어 가는 벼보다 더 향기롭진 않았을 거야.

和 ^{6급}

화목할 화

총 8획 | 부수 口, 5획

익은 벼【禾】를 함께 입【口】으로 먹으니, 화목할 화(和).

벼가 익으면 농부들은 가족과 함께 밥을 지어 먹을 생각에 가슴이 뿌듯했겠지.

온 가족이 쌀밥을 먹는 모습은 생각만 해도 화목하게 느껴져.

'한자 암기카드'를 보고 빈칸에 들어갈 말을 써 보세요.

❶ ⬜⬜⬜【禾】에서 ❶ ⬜⬜⬜⬜⬜【重】 것은 씨앗을 종류별로 잘 심는 일이니, 씨앗 종, 종류 종, 심을 종(種).

種의 뜻은 씨 앗 , 종 류 , 심 다 이고, 음은 ❸ ⬜ 입니다.

種의 어원을 생각하면서 필순에 따라 써 보세요.

種 種 種 種 種 種 種 種 種 種 種 種 種 種						
種	種	種	種	種		

다지기

제 **2** 일 차

1

❶~❻의 뜻에 맞는 낱말이 되도록 흰 접시 안에 알맞은 글자를 쓰세요.

❶ 종자가 완전히 없어져 버림. 예) ○종 위기에 처하다.

❷ 밭에 씨앗을 뿌리는 일. 예) 봄에는 주로 ○종을 한다.

❸ 식물의 씨앗. 예) 종○ 은행.

❹ 농작물이나 가축 등을 특성에 따라 구분한 것. 예) 이 개는 우수한 ○종이다.

💡 자, 파, 목, 품, 접
위 다섯 글자 가운데
하나를 골라 쓰세요.

❺ 여러 가지 종류에 따라 나눈 항목. 예) 올림픽 경기 종○.

❻ 힘이 약한 병균을 몸속에 미리 넣어 면역 능력을 길러 주는 일. 예) 예방 ○종.

2

주어진 문장 속에서 '종 (種)'의 세 가지 뜻을 찾아 ⬭표 하고, 빈칸에 세 가지 뜻을 쓰세요.

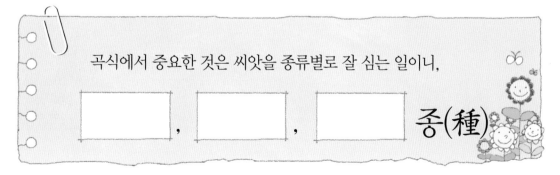

곡식에서 중요한 것은 씨앗을 종류별로 잘 심는 일이니,

[　　　] , [　　　] , [　　　]

종(種)

바람의 종류

아~ 가을이로구나.

건들바람이 부니 왠지 외롭고 쓸쓸해요.

건들바람

초가을에 선들선들 부는 바람.

날리는 낙엽을 보며 멋진 시라도 지어 볼까?

우리는 가을 남자~ 외로움과 고독에 몸을 떤다네~

쑥개떡, 너 고독에 진짜 몸을 떠는구나!

그게 아니라 소슬바람이 부니 좀 으스스해요.

으스스

엣취!

소슬바람

가을에 외롭고 쓸쓸한 느낌을 주며 부는 으스스한 바람.

그렇다고 사나이가 몸을 움츠려서야 쓰나.

강바람

비는 내리지 아니하고 심하게 부는 바람.

돌개바람

회오리바람.

살바람

좁은 틈으로 새어 들어오는 찬 바람.

황소바람

좁은 틈으로 세게 불어 드는 바람.

◑ 글 속의 주황색 낱말들은 무슨 뜻일까요? 잘 생각하면서 다음 글을 읽어 보세요.

이번 겨울 방학은 아주 특별하게 기억될 거야.

회사 일로 출장을 가시는 삼촌을 따라 '오만'이란 나라를 다녀왔거든.

공항에서 순환 버스를 타고 숙소로 이동하는 동안, 머리에 터번을 두른 어른들을

많이 볼 수 있었어. 참, 흰색 건물이 무척 많았는데, 밤에도 가로등이 필요 없을 정도였단다.

흰색 건물은 대부분 이슬람 사원들이야. 오만 사람들은 흰색을 좋아해서

중요한 건물은 대부분 흰색으로 칠한대. 오만에서 있었던 재미있는 일 하나 말해 줄까?

화장실에 갔다가, 여자 화장실에 잘못 간 줄 알고 깜짝 놀라 도로 나온 적이 있어.

남자용 소변기가 없고 칸막이 화장실만 있었거든. 삼촌께 물어보니, 이곳 남자들은 모두

긴 치마처럼 생긴 의상을 입기 때문에 소변기를 쓰지 않는다는 거야.

오만은 본래 나라 전체가 사막과 바위산인 데다가 비가 자주 내리지 않아 물이 아주 귀해.

하지만 바닷물을 민물로 만들어 사용하게 된 뒤부터 물을 불편 없이 쓰게 되었대.

어떻게 이런 사실을 알았냐고? 바로 삼촌 덕분이야.

삼촌은 틈만 나면 삼촌이 일하는 회사가

바닷물을 민물로 만드는 기술이 세계 최고라고 자랑하셨거든.

◑ 빈칸에 알맞은 낱말을 왼쪽 글의 주황색 낱말 중에서 찾아 써 보세요.
잘 모를 땐 💡를 보거나, ❶~❸에서 골라 쓰세요.

1 소금기가 없는 물을 민물 이라고 해요.

💡 반대말은 '짠물'이에요.

❶ 괴물 ❷ 선물 ❸ 민물

2 종교인들이 모여 의식을 하는 곳을 말해요. 특히 절을　　　　이라고 하지요.

💡 이슬람 교당이나 불교의 절은 대부분 이렇게 불려요.

❶ 사원 ❷ 병원 ❸ 공원

3 집을 떠난 사람이 임시로 먹고 자는 곳을　　　　라고 해요.

💡 이곳에서는 주로 잠만 자지요.

❶ 주소 ❷ 숙소 ❸ 청소

4 같은 자리를 반복해서 돌고 도는 일이　　　　이에요.

💡 계절, 공기, 별자리 등, 세상의 모든 것은 대부분 돌고 돌아요.

❶ 순환 ❷ 병환 ❸ 귀환

5 가도 가도 끝이 없는 모래뿐인 곳이　　　　이에요.

💡 고비, 사하라, 모하비 등이 유명해요.

❶ 연막 ❷ 사막 ❸ 천막

6 배우들은 무대에 오르기 위해 화려한 무대용　　　　을 입습니다.

💡 옷의 다른 말이에요. 겉에 입는 옷이나, 배우들이 입는 무대용 복장을 가리키지요.

❶ 밥상 ❷ 의상 ❸ 동상

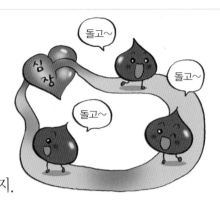

'순환 버스'는 같은 코스를 되풀이하여 도는 버스야.
아파트 단지나 큰 공원 주위에는 '순환 도로'란 것이 있지.
피가 온몸의 핏줄을 따라 돌고 도는 것은 '혈액 순환'이고,
계절이 일 년 단위로 반복되는 것은 '계절의 순환'이야.
이처럼 되풀이하여 도는 것을 '순환'이라고 해.
고리 모양처럼 돌고 돌다 보면 처음 시작한 자리로 되돌아오지.

돌 순 循   고리 환 環

순환

- 낱. 고리【環】를 도는【循】 것처럼 반복하여 돎.
- 교. 같은 길을 주기적으로 되풀이하여 돎.
- 예. 물은 수증기에서 구름으로, 다시 빗물로 순환된다.

우리 몸속의 피도 돌고 돈단다. 심장에서 나와 다시 심장으로 돌아가지.
옛날 사람들은 혈액이 몸속에서 생겨났다 저절로 없어진다고 믿었어.
16세기에 와서야 비로소 혈액이 심장을 중심으로
혈관을 따라 돌고 돈다는 '혈액 순환설'이 나왔지.
혈액 순환을 담당하는 심장, 혈관, 혈액을 '순환 기관'이라고 해.

돌 순 循   고리 환 環   그릇 기 器   벼슬 관 官

순환 기관

- 교. 우리 몸에서 순환 기능을 담당하는 기관.
- 예. 고혈압이나 심장병은 순환 기관에 문제가 생기는 병이다.

고리 환 環   장소 경 境

환경

- 교. 사람을 둘러싼 주변 상황이나 상태.
- 예. 환경 보호를 위해 쓰레기를 줄입시다.

생활하는 주위의 상태를 '환경'이라고 해.
여기에 '고리'란 뜻의 '환'이 쓰인 건,
결국 사람이 망가뜨린 환경을
되돌릴 책임이 있다는 뜻이 아닐까?

사람을 행복하게 만들어 주는 자연환경.

 **쏙쏙 문제**

빈칸에 알맞은 낱말을 〈보기〉에서 골라 써 보세요.   〈보기〉 순환, 환경

- 이 운동은 혈액 ❶ ⬭⬭ 을 도와 부기를 빼고 피로를 풀어 준다.

- 지구 ❷ ⬭⬭ 을 지키기 위해 갯벌을 살리자는 운동이 전국적으로 일어나고 있다.

제3일차

태평양을 둥근 고리처럼 둘러싸고 있는 지역을 '환태평양 지역'이라고 하지.
이 지역들은 화산이 많고, 지진이 잘 일어난다는 공통점이 있단다.

고리 환環   클 태太   평평할 평平   큰 바다 양洋

낱·교 태평양(太平洋)을 고리【環】처럼 둘러싼 지역.
예 세계 지진의 90%가 환태평양 지역에서 일어난다.

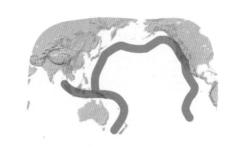
환태평양 지역.

꽃을 엮어 둥근 고리처럼 만든 '화환'은 축하의 뜻을 전할 때 쓰지.

꽃 화花   고리 환環

화환

낱·교 꽃【花】을 엮어 둥근 고리【環】처럼 만든 것.
예 선수들이 화환을 목에 걸고 밝게 웃었다.

화환을 목에 건 사람들.

빛 색色   모양 상相   고리 환環

색상환

낱 색(色)의 모양【相】을 나타낸 고리【環】.
교 색상을 계통에 따라 둥글게 배열한 표.
예 교육용 색상환은 20가지 색깔이다.

미술 시간에 볼 수 있는 색상환도 역시 고리 모양이란다.
'색상환'은 색깔의 이름과 관계를 한눈에 볼 수 있게
고리 모양으로 나타낸 표를 말해.
세상에는 무수히 많은 색깔이 있는데,
이들은 모두 주황, 노랑, 파랑의 세 가지 색깔을
섞어서 만들어 낼 수 있어.
그 섞인 정도에 따라 파랑도 '감청, 남색, 바다색'
등 여러 가지로 나뉘는 거야.
미술 시간에 배우는 표준 색상환은 이들 중
20가지의 기본 색과 이름을 정해 놓은 거란다.
물감이나 크레파스는 이 색깔과 이름을 따라 만들지.

쏙쏙 문제

빈칸에 알맞은 낱말을 〈보기〉에서 골라 써 보세요.   〈보기〉 화환, 색상환, 환태평양

• 지진 발생에 대비하여 ❶   지역의 국가들이 모임을 갖고 방법을 논의했다.

• 경기가 끝나고 돌아오는 선수들의 목에 ❷   을 걸어 주었다.

• 미술 시간에 배우는 표준 ❸   은 20가지 색상의 이름을 정리한 것이다.

環 4급
고리 환
총 17획 | 부수 玉, 13획

먼 바다에 나가 큰 고기를 잡으려면 그물을 잘 만들어야 해.
어부들은 구슬【玉】모양의 돌을
그물【罒】에 하나【一】씩 꿰어 원하는 모양을 만들지.
그리고 입【口】을 벌린 모양으로 바뀐【化】그물을
끌거나 바닷속으로 내려 고기를 잡는단다.

선사 시대의 그물추.
©제주민속자연사박물관

한자 암기카드

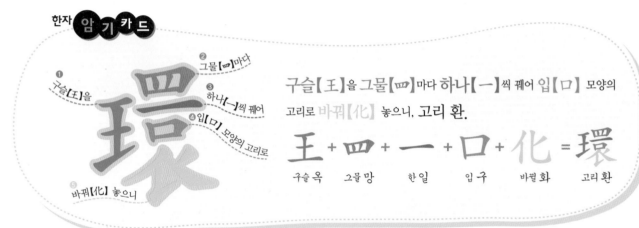

❶ 구슬【玉】을 ❷ 그물【罒】마다 ❸ 하나【一】씩 꿰어 ❹ 입【口】 모양의 고리로 ❺ 바꿔【化】 놓으니

구슬【玉】을 그물【罒】마다 하나【一】씩 꿰어 입【口】 모양의 고리로 바꿔【化】 놓으니, 고리 환.

王 + 罒 + 一 + 口 + 化 = 環
구슬옥　그물망　한일　입구　바뀔화　고리환

❶ '王'은 '구슬 옥(玉)'이 변으로 쓰일 때의 모습임.

還 준3급
돌아올 환
총 17획 | 부수 辶, 13획

그물【罒】에 하나【一】라도 구멍【口】이 나게 되면【化】 빈손으로 돌아와야 하니【辶】,
돌아올 환(還).
소중한 그물이 찢어지면 큰일이지.
기껏 고기 떼를 잘 몰았는데 찢어진 구멍으로 모두 도망가 버릴 테니 말이야.
그러면 힘없이 빈손으로 돌아와야 한단다.
'귀환'이란 말은 떠나 있던 사람이 본래의 곳으로 돌아온다는 뜻이야.

'한자 암기카드'를 보고 빈칸에 들어갈 말을 써 보세요.

❶◯◯【玉】을 ❷◯◯【罒】마다 ❸◯◯【一】씩 꿰어 ❹◯【口】 모양의 고리로 ❺◯◯【化】
놓으니, 고리 환(環). 環의 뜻은 고 리 이고, 음은 ❻◯ 입니다.

環의 어원을 생각하면서 필순에 따라 써 보세요.

環 環 環 環 環 環 環 環 環 環 環 環 環 環 環 環 環

環　環　環　環　環

다지기

1

❶~❸에서 사다리를 타면 같은 색의 빈칸이 나와요.

❶~❸의 뜻에 맞는 낱말이 되도록 빈칸에 알맞은 글자를 쓰세요.

❶ 같은 길을 주기적으로 되풀이하여 돎.

❷ 꽃을 엮어 둥근 고리 처럼 만든 것.

❸ 떠나 있던 사람이 본래의 곳으로 돌아오는 일.

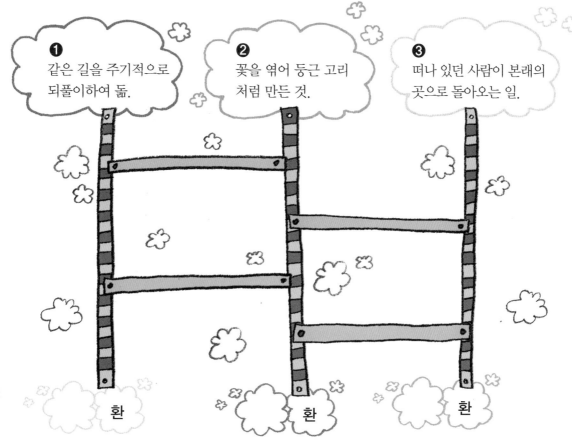

사다리 타기가 어려우면 같은 색의 빈칸을 찾아가세요.

환   환   환

2

〈보기〉에서 설명하는 한자를 빈칸에 각각 쓰세요.

〈보기〉 ❶ 구슬을 그물마다 하나씩 꿰어 입 모양의 고리로 바꿔 놓으니, 고리 환.
　　　 ❷ 그물에 하나라도 구멍이 나게 되면 빈손으로 돌아와야 하니, 돌아올 환.

❶

王
罒
一
口
化

❷

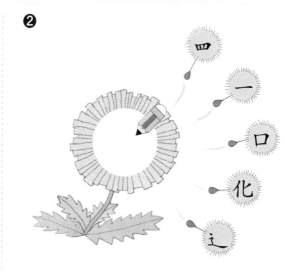

罒
一
口
化
辶

바깥쪽에 있는 글자들을 합치면 한자의 모양을 알 수 있어요.

우리가 사는 지구는 푸르게 빛나는 물의 별이야.
지구 표면은 대부분 '해수(海水)', 즉 바닷물로 덮여 있고,
육지에는 크고 작은 강과 호수, 샘 들이 있어.
지구의 대부분을 차지하는 물은 짠물인 바닷물이지.
이에 반해 짜지 않은 물, 소금기가 없는 물을 '민물'이라고 한단다.

민물

낱 소금기가 없는【민-】물.
교 강이나 시내의 물처럼 짜지 않은 물.
예 물고기는 민물에서 사는 것과 바닷물에서
사는 것으로 나눌 수 있다.

여기에서 '민-'은 '없다'는 뜻이야. '민소매'란 말 들어 보았지?
여름철에 시원하게 입는, 소매가 없는 윗옷이지.

역시 여름엔
시원한 민소매가
최고야!

민소매

낱 교 소매가 없는【민-】윗옷.
예 한겨울에 민소매 티셔츠라니!

옛사람들이 만들어 쓰던 그릇 중에 유명한 것이 '빗살무늬 토기'지.
빗살 모양의 무늬가 표면에 새겨져 있거든.
그런데 시간이 지나 청동기 시대쯤 오면, 무늬가 좀 더 다양해지거나,
아예 아무 무늬도 없는 그릇을 썼단다. 이 무늬 없는 토기가 '민무늬 토기'야.

민무늬 토기.

민무늬

낱 교 무늬가 없음【민-】.
예 민무늬 토기는 무늬가 없는 토기이다.

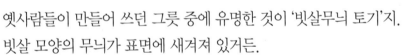
쏙쏙 문제

빈칸에 알맞은 낱말을 〈보기〉에서 골라 써 보세요.

〈보기〉 민물, 민소매, 민무늬

• 강원도 하천에서 볼 수 있는 꺽지나 쉬리는 대표적인 ❶⬜⬜ 고기로, 일생을 강에서 산다.

• 여름철 한낮 더위에도 ❷⬜⬜⬜ 를 입고 나서면 끄떡없다.

• 청동기 시대에 이르면 무늬가 없는 ❸⬜⬜⬜ 토기가 나타나기 시작한다.

소금기가 없는 민물을 '담수'라고 해.
이름 그대로 짠맛이 없는, 맑은 물이지.

맑을 담 淡 물 수 水
담수
낱·교▸ 짠맛이 없는 맑은【淡】 물【水】.
예▸ 바이칼 호는 세계에서 가장 큰 담수호이다.

얼어붙은 바이칼 호의 모습.

바닷물【海水】을 민물【淡水】로 바꾸는【化】 것을 '해수 담수화'라고 해.
중동의 사막 국가나 섬나라들은 물이 부족하기 때문에
바닷물을 담수로 바꾸는 데 많은 노력을 기울이지.
우리나라도 섬 지역 일부에 이런 설비를 갖추어 물 부족 문제를 해결하고 있단다.

짙을 농 濃 맑을 담 淡

낱·교▸ (먹물의) 짙고【濃】 묽은【淡】 정도.
예▸ 동양화는 먹의 농담과 여백의 표현이 매우 중요하다.

오른쪽 그림은 먹물만으로 표현한 산의 모습이야.
어둑어둑하고 멀고 가까운 정도가 먹물빛의 짙고 옅음에 따라
잘 나타나 있지. 먹물의 짙고 옅은 정도를 '농담'이라고 한단다.

맑을 담 淡 흰 백 白

낱·교▸ 맑고【淡】 깨끗함【白】.
예▸ 그 사람은 솔직하고 담백한 성격이다.

농담이 잘 표현된 수묵화.

음식 맛 중 '담백한 맛'이란 것이 있어.
본래는 소금기가 적어 싱거운 맛인데, 양념이나 소금,
설탕 간을 적게 해서 개운하고 깔끔한 맛을 가리키지.
욕심이 없고 솔직한 사람의 성격을 가리킬 때에도 '담백하다'는 말을 쓴다.

쏙쏙 문제

빈칸에 알맞은 낱말을 〈보기〉에서 골라 써 보세요.   〈보기〉 농담, 담수, 담백

• 이 국물은 화학조미료를 쓰지 않아 ❶_____ 하고 개운한 맛이 특징이다.

• 우리 옛 그림은 먹물의 짙고 옅은 정도인 ❷_____ 을 통해 느낌을 표현하는 것이 특징이다.

• 식수 문제 해결을 위해 바닷물을 ❸_____ 로 바꾸는 설비가 관심을 끌고 있다.

淡 준3급
맑을 담
총 11획 | 부수 氵, 8획

바닷물을 민물, 곧 담수로 바꾸는 원리는 간단해.

바닷물을 끓여서 생긴 수증기를 식히는 거지.

최근에는 이 외에도 필터로 거르는 방법 등 여러 가지가 개발되고 있지만,

가장 기본적인 원리는 바닷물【氵】을 뜨겁게【炎】 끓이는 거란다.

한자 암 기 카 드

❶ 물【氵】을

❷ 뜨겁게【炎】 끓이면 묽어지니

물【水】을 뜨겁게【炎】 끓이면 묽어지니,

맑을 담.

氵 + 炎 = 淡
물 수   더울 염   맑을 담

炎 준3급
뜨거울 염
총 8획 | 부수 火, 4획

불【火】과 불【火】이 겹치면 뜨거우니, 뜨거울 염(炎).

'화염'은 뜨거운 불덩어리야.

'폭염'은 뜨겁게 느껴질 만큼 날씨가 더운 거지.

몸이 뜨겁고 빨갛게 붓는 증상은 '염증'이라고 한단다.

談 5급
말씀 담
총 15획 | 부수 言, 8획

이야기【言】를 불【炎】 가에 모여 나누니, 말씀 담(談).

모닥불을 피워 놓으면 둥글게 모여 앉아 이야기꽃을 피우게 되지.

'말씀 담(談)'은 이처럼 조용하고 차분하게 나누는 말이야.

웃으며 가볍게 이야기를 나누는 '담소(談笑)', '담화(談話)' 등에 쓰인단다.

'한자 암기카드'를 보고 빈칸에 들어갈 말을 써 보세요.

❶◯【氵】을 ❷◯◯◯【炎】 끓이면 묽어지니, 맑을 담(淡).

淡의 뜻은 묽 다 이고, 음은 ❸◯ 입니다.

淡의 어원을 생각하면서 필순에 따라 써 보세요.

淡 淡 淡 淡 淡 淡 淡 淡 淡 淡 淡

淡	淡	淡	淡	淡

1 ❶~❸에서 이어진 길을 따라가면 두 글자로 된 낱말이 완성됩니다.
그 낱말을 알맞은 뜻과 이으세요.

💡 완성된 세 낱말은
민물, 담백, 농담입니다.

소금기가
없는 물.

(먹물의)
짙고 묽은 정도.

음식 맛이나
사람의 성격이
맑고 깨끗함.

2 왼쪽에 음뜻이 주어진 한자를 오른쪽 빈칸에 쓰세요.

물을 뜨겁게 끓이면 묽어지니. 묽을 담.

묽을 담

'쇠러'라고 쓴단다.

지난 설날 가족이 마트에 갔다. 설을 (세러) 할머니가 계

신 강원도에 간다고 했다. 할머니 댁에는 먹을 것도 많

'예쁜'이라고 써야 해.

은데 엄마는 이것저것 많이 사셨다. 동생이 (이뿐) 인형

을 보더니 계속 사 달라고 졸랐다. 엄마가 들은 척도 안

'삐쳐서는'이라고 쓴단다.   '부렸다'라고 써야겠지.

하시니까 (삐져서는) 계속 심통을 (부렸다)

＊이 글은 초등학교 4학년 어린이가 쓴 생활문입니다.

명절은 '쇠고', 숫자는 '세고'

설은 '세다'가 아니라 '쇠다'라고 해야 한단다.
'세다'는 사물의 수효를 헤아릴 때 많이 쓴단다.
옷이 몇 벌인지, 신발이 몇 켤레인지 세어야겠지.
설도 쇠고, 생일도 쇠는 거란다.

빨리 설 쇠러
시골에 가요!

쇠다

● 명절, 생일, 기념일 같은 날을 맞이하여 지내다.
  예▷ 설을 쇠고 서울로 올라왔다.
● 채소가 너무 자라서 줄기나 잎이 뻣뻣하고 억세게 되다.
  예▷ 쑥이 쇠다.
● 상황이 점점 나빠지다.
  예▷ 병세가 쇠다.

1, 2, 3, 4 ···

세다

● 힘이 많다.
  예▷ 그 사람은 힘이 세다.
● 사물의 수효를 헤아리다.
  예▷ 연필 개수를 세다.

1

낱말 뜻이 올바른 칸을 모두 색칠해 보고, 나온 모양을 ❶~❹에서 고르세요.

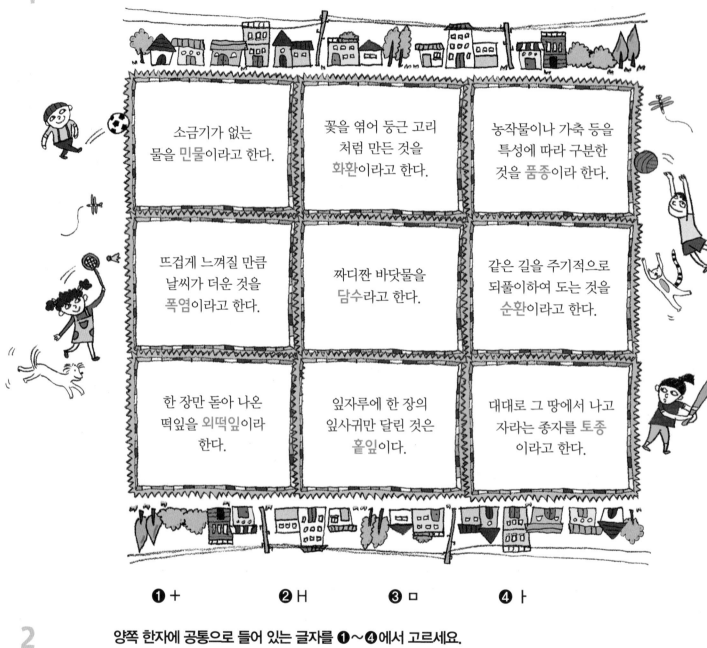

소금기가 없는 물을 민물이라고 한다.	꽃을 엮어 둥근 고리처럼 만든 것을 화환이라고 한다.	농작물이나 가축 등을 특성에 따라 구분한 것을 품종이라 한다.
뜨겁게 느껴질 만큼 날씨가 더운 것을 폭염이라고 한다.	짜디짠 바닷물을 담수라고 한다.	같은 길을 주기적으로 되풀이하여 도는 것을 순환이라고 한다.
한 장만 돋아 나온 떡잎을 외떡잎이라 한다.	잎자루에 한 장의 잎사귀만 달린 것은 홑잎이다.	대대로 그 땅에서 나고 자라는 종자를 토종이라고 한다.

❶ ㅓ   ❷ ㅐ   ❸ ㅁ   ❹ ㅏ

2

양쪽 한자에 공통으로 들어 있는 글자를 ❶~❹에서 고르세요.

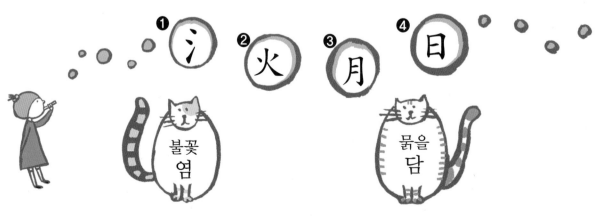

❶ 氵 ❷ 火 ❸ 月 ❹ 日

불꽃 염   맑을 담

제
5
일
차

3 빈칸의 글자와 '종'이 합쳐지면 두 글자의 낱말이 완성됩니다.
❶~❹의 뜻에 맞는 낱말이 되도록 빈칸에 글자를 쓰세요.

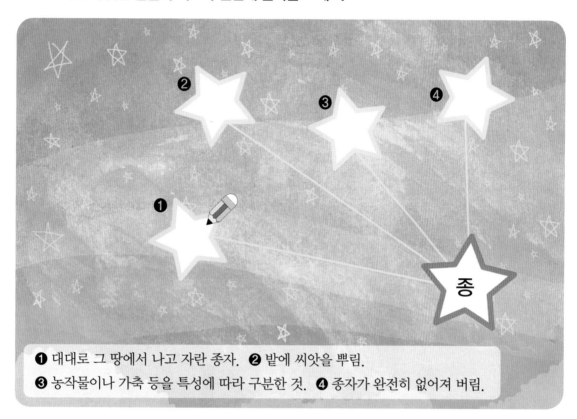

❶ 대대로 그 땅에서 나고 자란 종자. ❷ 밭에 씨앗을 뿌림.
❸ 농작물이나 가축 등을 특성에 따라 구분한 것. ❹ 종자가 완전히 없어져 버림.

💡 빈칸에 들어갈
글자는 토, 파, 멸, 품
가운데 하나입니다.

4 ❶~❸의 빈칸에 주어진 음뜻의 한자를 쓰세요.

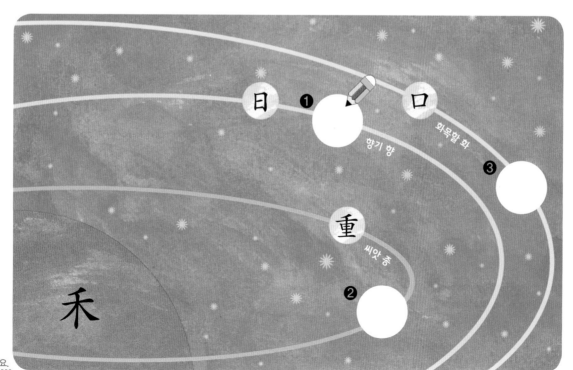

💡 빨간 별과 노란 별에
쓰인 글자를 합치면
한자 모양을 알 수 있어요.

1 ~ 2 다음 글을 읽고 물음에 답하세요.

> 우리 몸에 있는 혈관을 모두 하나로 이으면 무려 12만km나 된다고 한다. 이렇게 많은 혈관이 우리 몸 곳곳에 그물처럼 퍼져 있는 것이다.
> 이 혈관을 따라 혈액이 온몸을 ㉠**순환**하고 있다. 혈관은 동맥과 정맥, 모세 혈관으로 이루어진다. 이 혈관들과 혈액, 심장을 합쳐 ㉡**순환 기관**이라고 한다.

1. ㉠의 뜻으로 바른 것을 고르세요. (   )

❶ 한 방향으로 똑바로 감.

❷ 구불구불한 길을 계속해서 감.

❸ 왔던 길을 거꾸로 돌아감.

❹ 한 가지 일만 계속해서 되풀이함.

❺ 같은 길을 주기적으로 되풀이하여 돎.

2. 다음 중 ㉡에 해당하지 않는 것을 고르세요. (   )

❶ 심장   ❷ 동맥   ❸ 정맥

❹ 혈액   ❺ 허파

3 ~ 6 주어진 뜻과 낱말을 바르게 이으세요.

3. 싹이 터 가장 먼저 나오는 잎 •   • 종자

4. 식물의 씨앗   •   • 담수

5. 소금기가 없는 물   •   • 떡잎

6. 먹물의 짙고 묽은 정도   •   • 농담

제
5
일
차

7~8 다음 글을 읽고 물음에 답하세요.

> 지금 세계는 종자 보관의 중요성을 알고 여기에 많은 관심을 갖고 투자하고 있다. 만약 그 나라에 종자가 없다면 외국에서 로열티를 내고 수입해야 하기 때문이다. 우리나라에서도 최근 ㉠종자 은행을 설립했는데, 그곳에서 일하는 사람들은 ㉡우리나라 고유의 씨앗을 보존하기 위해 노력하고 있다.

7. ㉠은 어떤 곳인지 바르게 설명한 것을 고르세요. (   )

❶ 식물의 씨앗을 보관하는 곳
❷ 동물의 유전자를 보관하는 곳
❸ 식물을 잘 키우고 가꾸는 곳
❹ 여러 가지 동식물을 분류하는 곳
❺ 생물의 번식 방법을 연구하는 곳

8. ㉡과 바꾸어 쓰기에 알맞은 것을 고르세요. (   )

❶ 토종   ❷ 파종   ❸ 멸종
❹ 품종   ❺ 접종

9. 〈보기〉의 밑줄 친 말과 같은 뜻의 한자어를 두 글자로 쓰세요.

> 〈보기〉 가시고기 무리는 **민물**과 바닷물이 섞이는 강 하구에서 산다.

(   )

10. '환'이 나머지 넷과 다른 뜻으로 쓰인 것을 고르세요. (   )

❶ 선수들이 **화환**을 걸고 입장했다.
❷ 신데렐라를 꿈꾸다니, 그건 **환상**일 뿐이야!
❸ 혈액 **순환**이 잘되어야 건강을 유지할 수 있다.
❹ 우리 주변의 **환경**을 깨끗하고 아름답게 가꿉시다.
❺ **환태평양** 지역은 지진이 잘 일어난다는 공통점이 있다.

타임머신으로 시간 여행을 떠나 보자!

영화나 텔레비전에서 '타임머신'이라는 말 들어 봤지?
타임머신^{time machine}은 시간 여행을 할 수 있는 기계를 말해.
시간 여행이 뭐냐고?
현재에서 과거로, 과거에서 미래로 여행하는 거야.
시간을 거슬러서 또는 앞질러서 여행을 하는 거지.
타임머신을 타면 시간 속으로의 여행이 가능하다는 거야. 정말 꿈 같은 얘기지?
그런 날이 온다면 얼마나 신날까!

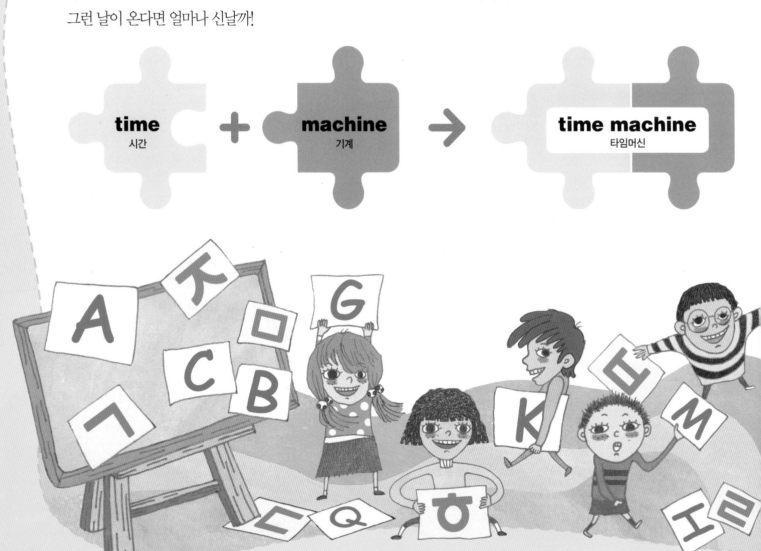

time 시간 + **machine** 기계 → **time machine** 타임머신

예전에 〈백 투 더 퓨처^{Back to the future}〉라는 영화가 있었는데,
타임머신을 타고 시간 여행을 하는 이야기였어.
자동차처럼 생긴 타임머신을 타고 시간을 가로지르는 짜릿한 모험 이야기였지.
한번 봐 봐! 진짜 재밌거든!

그럼 타임^{time}을 사용한 단어에는 어떤 것들이 있는지 알아볼까?

time table

타임테이블^{time table}은 '시간표'야.
즉, 시간 계획을 한눈에
알아볼 수 있게 만든 표이지.
공항에서 비행기 출발이나 도착을
알려 주는 시간표도
여기에
해당되는 거야.

time switch

타임스위치^{time switch}는
'일정한 시간 동안만
전류가 흐르도록 조절하는
자동 장치'야.
프라이팬과 같은
전기 제품에
많이 사용되지.

part time

파트타임^{part time}이라는 말 들어 봤니?
시간제 근무, 즉 하루 종일이 아니라
'일정한 시간을 정해서 그 시간 동안만
일하는 것'을 말해.

time-out

타임아웃^{time-out}은 스포츠 경기에서
많이 들어 봤지?
농구 등과 같은 스포츠 경기에서
선수 교체나 작전 지시를 위해
'경기 진행을 잠시 멈추는 것'을 말해.

콕콕 정답

제1일차

05쪽 1. 희한 2. 고정관념 3. 수족관
　　　4. 종자 5. 떡잎 6. 호흡
06쪽 ❶ 떡잎 ❷ 쌍떡잎 ❸ 본잎
07쪽 ❶ 홑 ❷ 겹
08쪽 ❶ 새 ❷ 손 ❸ 쌍

09쪽

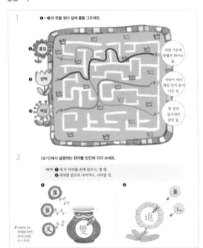

제2일차

10쪽 ❶ 파종 ❷ 토종 ❸ 멸종
11쪽 ❶ 종목 ❷ 접종 ❸ 품종
12쪽 ❶ 곡식 ❷ 중요한 ❸ 종

13쪽

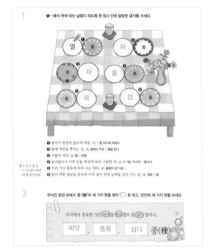

제3일차

17쪽 1. 민물 2. 사원 3. 숙소
　　　4. 순환 5. 사막 6. 의상
18쪽 ❶ 순환 ❷ 환경
19쪽 ❶ 환태평양 ❷ 화환 ❸ 색상환
20쪽 ❶ 구슬 ❷ 그물 ❸ 하나
　　　❹ 입 ❺ 바꿔 ❻ 환

21쪽

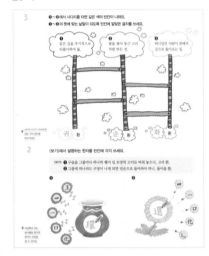

제4일차

22쪽 ❶ 민물 ❷ 민소매 ❸ 민무늬
23쪽 ❶ 담백 ❷ 농담 ❸ 담수
24쪽 ❶ 물 ❷ 뜨겁게 ❸ 담

25쪽

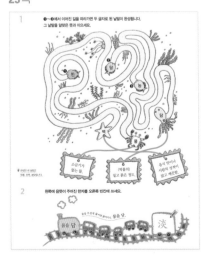

제5일차

도전! 어휘왕
28-29쪽

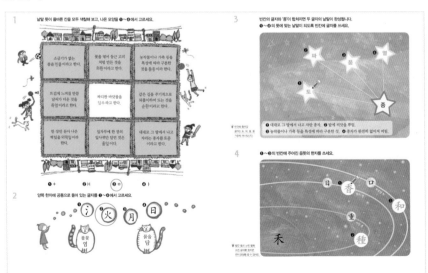

평가 문제
30-31쪽　1. ❺　2. ❺　3. 떡잎　4. 종자　5. 담수　6. 농담
　　　　 7. ❶　8. ❶　9. 담수　10. ❷

속담으로 찾아보는 동식물

동물이나 식물은 우리의 생활과 아주 가까이 있었던 것들이지.

그래서 동물이나 식물에 빗대어 표현한

재미있는 말들이 꽤 많이 있단다.

개밥에 도토리   옛날에는 집집마다 개를 많이 키웠어.
    먹고 남은 음식 찌꺼기를 개에게 먹여 키울 수 있었거든.
    그런데 찌꺼기를 먹는 개조차도 도토리는 입에 대지 않았지.
    변변찮은 개밥에도 끼지 못하는 도토리처럼, 무리에 어울리지 못하고
    따돌림당하는 사람을 가리키는 말이야.
    예﹥ 혼자 노는 네 모습이 마치 **개밥에 도토리** 같구나.

알토란 같다   '토란(土卵)'은 '땅【土】속에서 나온 알【卵】'이라고 불릴 만큼 땅속줄기가 알차고
    속이 꽉 차 먹음직스러워. 그래서 속이 꽉 차고 단단해 실속 있는 것을 이런 말로 표현해.
    예﹥ 선수들은 **알토란 같은** 성적을 내어 감독을 기쁘게 했다.

진이 빠지다   '송진(松津)'이라는 말 들어 보았니? 나무껍질에서 나오는 끈적한 액체를
    '진'이라고 하는데, 진이 다 빠진 나무는 바스락거릴 만큼 말라 죽은 나무란다.
    그래서 시들시들하고 힘없는 모습을 보면 '진이 빠졌다'고 말하는 거야.
    예﹥ 며칠 전부터 무리해서 일을 했더니, 몸에서 **진이 다 빠져** 버렸다.

뚱딴지같다   '뚱딴지'는 국화처럼 생긴 꽃의 뿌리야.
    예쁜 꽃에 걸맞지 않게 뿌리는 돼지처럼 뚱뚱하고 못생겼어.
    그래서 엉뚱하고 어이없는 모습을 보면 뚱딴지같다고 말해.
    예﹥ 한겨울에 해수욕을 가자니, **뚱딴지같은** 소리!

각축전   동물들이 싸우는 모습을 보면, 뿔【角】을 서로 맞대거나,
    서로 쫓고【逐】 으르렁거리며 싸우지. 그래서 서로 이기기 위해
    다투는 모습을 보고 '각축전'이라고 부르게 됐어.
    예﹥ 우승을 다투는 두 선수가 팽팽한 **각축전**을 벌이고 있다.

마법의 상위권 어휘 스스로 평가표

01

다음 네 낱말 중 뜻을 자신 있게 말할 수 있는 낱말은 ○표, 알쏭달쏭한 낱말은 △표, 자신 없는 낱말은 ×표 하세요.

떡잎 ( ) 종자 ( ) 순환 ( ) 민물 ( )

02

다음 네 한자 중 음과 뜻을 자신 있게 말할 수 있는 것은 ○표, 알쏭달쏭한 것은 △표, 자신 없는 것은 ×표 하세요.

雙 ( ) 種 ( ) 環 ( ) 淡 ( )

03

〈평가 문제〉를 모두 풀고 정답을 확인해 보세요. 10문항 중 내가 맞힌 문항 수는 몇 개인가요?

❶ 9-10 문항 ( ) ❷ 7-8 문항 ( ) ❸ 3-4 문항 ( ) ❹ 1-2 문항 ( )

| 부모님과 선생님께 |

위에서 어린이가 스스로 적은 내용을 보고, 어린이가 어려워하는 부분을 함께 보면서
어휘의 뜻과 쓰임을 이해할 수 있도록 해 주세요.

어휘를 알아야 만점을 잡는다!

스토리텔링식 신교과서 학습을 위한

마법의 상위권 어휘

제 **4** 호

어휘가 쑥쑥 자라요.

부모님과 선생님께서는 이렇게 지도해 주세요

제 1 일차	제 2 일차	제 3 일차	제 4 일차	제 5 일차
조각 공원에 간 이야기를 읽고, 대표 어휘 '조형'의 뜻과 한자 '造'를 익힙니다. '조형'에서 확장된 여러 낱말의 뜻을 스스로 추론해 보도록 지도해 주세요.	대표 어휘 '조소'의 뜻과 한자 '彫'를 익히고, 관계있는 낱말도 함께 익힙니다. 다지기 문제를 풀어 보고, '칼자루를 쥐다'라는 말의 쓰임도 익히도록 해 주세요.	흰 송편과 무지개떡의 이야기를 읽고, 대표 어휘 '장단'과 한자 '調'를 익힙니다. '장단'에서 확장된 여러 낱말의 뜻을 스스로 추론해 보도록 지도해 주세요.	대표 어휘 '타령'의 뜻과 한자 '놨'을 익히고, 관계있는 낱말도 함께 익힙니다. 다지기 문제를 풀어 보고, '낳다'와 '낫다'를 구별하여 쓸 수 있도록 해 주세요.	재미있는 게임 문제와 학교 시험 유형의 평가 문제를 풀며, 어휘 실력을 다집니다. '에스컬레이터(escalator)'와 구성 원리가 비슷한 영단어들도 익히도록 합니다.

우리 엄마 이름은 조형미! 하지만 새로운 조형미를 알게 되었죠.
조각 공원에 가서 내 눈길을 끈 조각 작품을 보고 말이에요.
미술 대학 조소과를 나오신 엄마 덕분에 확실히 알게 되었답니다.

어휘랑 놀자 1

아름답고 **구**금한 우리말 **이**야기

칼자루를 쥐다

제 1 일차

교과서 학습 어휘 01
맛보기
돋보기1
한자가 술술
다지기

조형

회화 건축 조각 조선 조경
조화 조예

제 2 일차

돋보기2
한자가 술술
다지기

조소

소조 부조 부표 부평초
부유물

造

告

彫

周

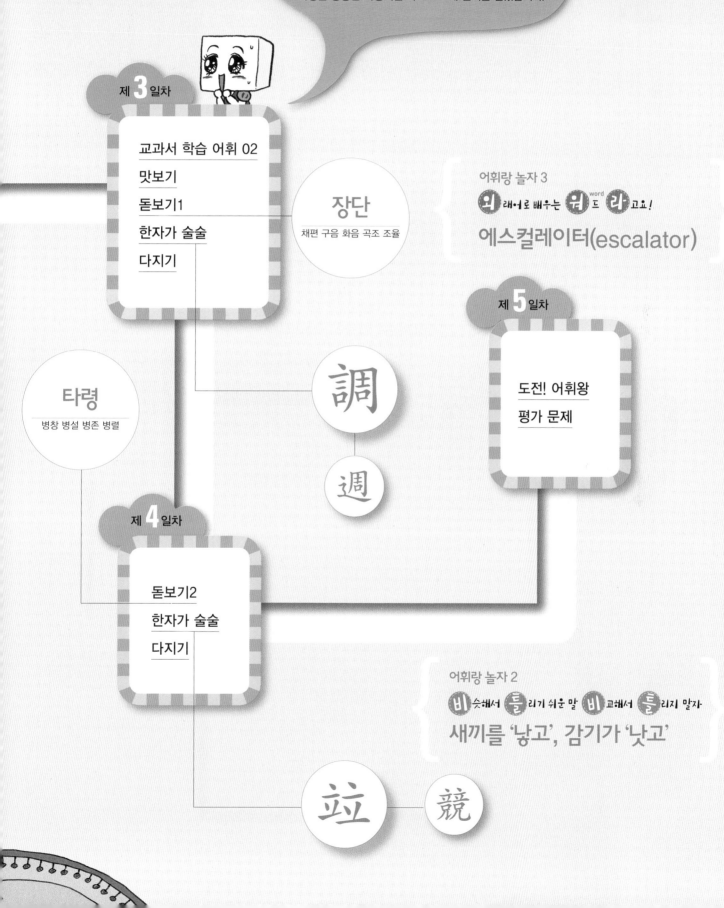

흰 송편은 흥겨운 장단에 맞춰 장구를 치는 무지개떡에게 반해 결혼했어요. 아버지의 끼를 물려받은 삼색 송편 아이들은 타령을 응용한 독창적인 곡으로 크게 인기를 얻었답니다.

제 3 일차

교과서 학습 어휘 02
맛보기
돋보기1
한자가 술술
다지기

장단
채편 구음 화음 곡조 조율

어휘랑 놀자 3
뭐래어로 배우는 워드라고요!
에스컬레이터(escalator)

제 5 일차

도전! 어휘왕
평가 문제

타령
병창 병설 병존 병렬

調

週

제 4 일차

돋보기2
한자가 술술
다지기

어휘랑 놀자 2
비슷해서 틀리기 쉬운 말 비교해서 틀리지 말자
새끼를 '낳고', 감기가 '낫고'

竝 競

❶ 글 속의 주황색 낱말들은 무슨 뜻일까요? 잘 생각하면서 다음 글을 읽어 보세요.

선생님께서 다음 미술 시간에는 '조형미'에 대해서
공부하겠다고 말씀하셨다.

'어, 조형미? 우리 엄마 이름인데, 엄마에 대해서 공부한다고?
내가 아는 조형미는 오직 우리 엄마, 조형미 여사뿐인데!'

나는 집에 돌아와 엄마에게 '조형미' 때문에 놀란 이야기를 해 드렸다.

"이 녀석아, 공부 좀 해라. 그 조형미는 조형이 주는 아름다움을 말해."

엄마는 곧바로 나를 조각 공원에 데려가셨다.

커다란 두 발이 각각 바퀴를 딛고 서 있는 작품에 눈길이 갔다.

엄마가 내 눈길을 따라 그 작품을 보시며 물었다.

"어떤 생각이 떠오르니?"

"발의 주인이 불쌍해요. 조금만 움직여도 가랑이가 찢어질 것 같아."

"맞아, 네가 느낀 것이 작가가 표현하고 싶었던 생각일 거야.

두 개의 발에 두 개의 바퀴가 대칭을 이루고 있는 형상이지.

조금이라도 움직이면 바퀴가 양쪽으로 굴러 가서 가랑이가 찢어질 거야.

이 발의 주인은 이러지도 저러지도 못하는 답답한 상황에 놓여 있어.

그래서 작품 제목이 '숙명'이란다."

평소와 완전히 다른 엄마의 모습! 나는 감동하고 말았다.

미술 대학 조소과를 나오셨다더니 역시 다르구나!

1 사람이 일부러 어떤 모양을 만들어 내는 것을 조 형 이라고 해요.

💡 '조형미'란 '만들어 낸 모양'에서 느껴지는 아름다움을 말해요.

❶ 조형   ❷ 친형   ❸ 큰형

2 프랑스의 로댕은 〈생각하는 사람〉 등의 ⬭⬭ 작품을 만들었어요.

💡 돌, 나무, 금속 등을 깎고 다듬어 형태를 만들어 내는 것을 말해요.

❶ 조각   ❷ 삼각   ❸ 감각

3 상상한 것을 작품으로 만드는 것을 두고 '⬭⬭화'한다고 해요.

💡 로댕의 〈생각하는 사람〉은 인간의 ○○을 조각으로 멋지게 표현한 작품이에요.

❶ 형상   ❷ 책상   ❸ 밥상

4 건물은 좌우가 ⬭⬭ 을 이루도록 지어졌을 때 안정감을 느낄 수 있어요.

💡 오른쪽과 왼쪽, 혹은 위와 아래쪽이 똑같은 모습으로 균형을 이룬 상태를 말해요.

❶ 천칭   ❷ 대칭   ❸ 인칭

5 하늘이 정한 것이라서 피하거나 바꿀 수 없는 운명을 ⬭⬭
이라고 해요.

💡 맞수끼리의 피할 수 없는 대결을 '○○적인 대결'이라고도 하지요.

❶ 생명   ❷ 발명   ❸ 숙명

6 미술 대학을 나오신 우리 엄마는 조각과 소조를 합친 ⬭⬭ 를
전공했어요.

💡 나무나 돌에 새기는 것과 흙으로 빚어 만드는 것을 합친 말이에요.

❶ 황소   ❷ 조소   ❸ 물소

조형은 모양과 형태를 새롭게 만들어 내는 것이야.
예나 지금이나 사람들은 상상한 것을 형태로 표현하려는 욕구를 가지고 있어.
오른쪽 사진은 〈웃음〉이라는 제목의 조각품인데,
웃음소리가 '하하하' 들릴 것처럼 생생해.
'조형'은 유쾌하고 즐거운 마음, 슬프고 비통한 마음, 엄숙하고 경건한 마음 등
느낌과 생각을 눈에 보이는 형태로 창조하는 거야.

후안 미노즈의 작품 〈웃음〉.

만들 조 造   모양 형 形
조형

낱 모양【形】을 만들어【造】 냄.
교 예술적으로 어떤 형상을 창조해 내는 것.
예 올림픽 공원에는 88 서울 올림픽을 기념하는 조형물이 세워져 있다.

낱 은 낱글자 풀이,
교 는 교과서의 뜻이야!

'회화', '조각', '건축'은 예술적 상상력과 기술이 빚어낸 조형물이란다.
각각 그림과 색깔, 입체적인 형상을 새롭게 창조해 내지.

그림 회 繪   그림 화 畵
회화

낱 교 그림【繪畵】.
그림을 한자로 '회화'라고 해. 미술 대학의 회화과는 그림을 배우는 학과야.
예 수채화, 유화, 수묵화 등이 모두 회화이다.

세울 건 建   쌓을 축 築
건축

낱 교 집, 성, 다리 따위를 세우고【建】 쌓음【築】.
건축은 조형의 한 분야란다. 인간이 만든 건축물 가운데 가장 유명한 것은 피라미드야.

새길 조 彫   새길 각 刻
조각

낱 교 재료를 새기거나【彫刻】 깎아서 형상을 만듦.
돌, 금속, 흙으로 평면이 아닌 입체 형상을 만들어 내는 일이야. 앞뒤를 다 볼 수 있을 뿐만 아니라 만져서 재료의 질감도 느낄 수 있지.
예 우리 엄마는 조각가이다.

쏙쏙 문제

빈칸에 알맞은 낱말을 〈보기〉에서 골라 써 보세요.   〈보기〉 건축, 조형, 회화

• 모양과 형태를 새롭게 만드는 일은 ❶⬤⬤ 이다.

• 이집트의 피라미드는 가장 유명한 ❷⬤⬤ 물이다.

• ❸⬤⬤ 는 우리말 '그림'을 한자로 표현한 것이다.

제1일차

'조형'에 쓰인 '만들 조(造)'로 이루어진 다른 낱말들을 알아보자.

조선소에 다니시던 아빠는 회사를 그만두고
조경 기사로 직업을 바꾸실 계획이다.
엄마도 아빠와 함께 일하신다고 한다.
조화 만드는 데 조예가 깊은 엄마는 아빠에게 큰 도움을 주실 것이다.

조화.

만들 조造 배 선船

낱·교 배【船】를 만듦【造】.

'조선'은 나룻배처럼 작은 배가 아니라
아주 커다란 배를 만드는 일을 말해.
예 조선 산업은 우리나라의 대표적인 산업 중 하나다.

만들 조造 경치 경景

낱·교 경치【景】를 아름답게 꾸밈【造】.

'조경'은 공원, 정원, 집 등에 식물을
장식해서 아름답게 꾸미는 것을 말해.
예 요즘에는 실내 조경 공사도 인기가 많다.

조경 중인 사람.

만들 조造 꽃 화花

낱·교 인공적으로 만든【造】 꽃【花】.

생화(生花)는 살아 있는 꽃이고,
'조화'는 사람이 만든 꽃이야.
예 손재주가 좋은 사람이 만든 조화는 생화와 구별하기 어렵다.

이를 조造 이를 예詣

낱·교 매우 높은 수준에 이름【造詣】.

어떤 일을 좋아할 뿐만 아니라 안목까지 전문가
못지않은 경지에 이른 것을 '조예'가 깊다고 표현해.
예 그 사람은 예술에 조예가 깊어 작품을 보는 안목이 뛰어나다.

난 요리에 조예가 깊어.
모두들 감탄하지.

쏙쏙 문제

빈칸에 알맞은 낱말을 〈보기〉에서 골라 써 보세요.   〈보기〉 조예, 조경, 조선

• 우리나라는 대형 선박을 만드는 ❶　　　　 기술이 세계 최고 수준이다.

• 우리 할아버지는 판소리 인간 문화재로, 판소리에 ❷　　　　가 깊다.

• 이번에 만든 공원은 특히 ❸　　　　에 신경을 많이 썼다.

造 ^{준4급}

만들 조

총 11획 | 부수 辶, 7획

궁궐이나 사원 같은 큰 건물을 지으려면
시간도 오래 걸리는 데다 많은 사람의 노력이 필요했지.
그런데 건물을 짓는 동안 벼락이 치거나 홍수가 덮칠지도 모르잖아.
그래서 큰 건물을 짓기 전에는 반드시 제사를 지냈단다.
신에게 나아가【辶】 건물을 짓는다고 알리고【告】 만들기 시작했다고 해서 만들 조(造)란다.

한자 암기카드

❶ 건물을 지을 때는 신에게 알리고【告】
❷ 나아가【辶】 만드니

건물을 지을 때는 신에게 **알리고【告】**
나아가【辶】 만드니, 만들 조.

$$告 + 辶 = 造$$

알릴 고　　나아갈 착　　만들 조

告 ^{5급}

알릴 고

총 7획 | 부수 口, 4획

소머리【牛】를 올려놓고 입【口】으로 바라는 바를 말하니, 알릴 고(告).
소【牛】와 입【口】이 합쳐진 글자야.
제사상에는 소머리를 올려놓고 제사를 지냈거든.
그리고 소망하는 것을 입 밖에 내어 말했지.
지금도 사업을 시작하거나 가게를 새로 여는 등
큰일을 시작할 때에는 고사를 지낸다.
'고사'는 신에게 알리는 일이야.

알릴 고 告　제사 사 祀

고사

뜻▶ 고▶ 신에게 알리는【告】 제사【祀】.
예▶ 가게를 새로 여는 날 고사를 지냈다.

'한자 암기카드'를 보고 빈칸에 들어갈 말을 써 보세요.

건물을 지을 때는 신에게 ❶◯◯◯◯【告】 ❷◯◯◯◯【辶】 만드니, 만들 조(造).

造의 뜻은 만 들 다 이고, 음은 ❸◯ 입니다.

造의 어원을 생각하면서 필순에 따라 써 보세요.

造	造	造	造	造	造	造	造	造	造

造	造	造	造	造		

1 빨간 별의 '조'와 빈칸의 글자가 합쳐지면 두 글자의 낱말이 완성됩니다.
❶~❹의 뜻에 맞는 낱말이 되도록 빈칸에 글자를 쓰세요.

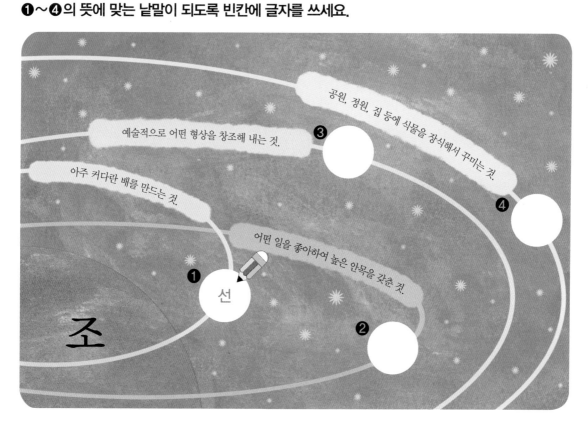

예술적으로 어떤 형상을 창조해 내는 것.

공원, 정원, 집 등에 식물을 장식해서 꾸미는 것. ❸

아주 커다란 배를 만드는 것.

어떤 일을 좋아하여 높은 안목을 갖춘 것. ❹

❶ 선

조

❷

💡 빈칸에 들어갈
글자는 형, 경, 예
가운데 하나입니다.

2 〈보기〉에서 설명하는 한자를 빈칸에 각각 쓰세요.

〈보기〉 ❶ 건물을 지을 때는 신에게 알리고 나아가 만드니, 만들 조.
❷ 소머리를 올려놓고 입으로 바라는 바를 말하니, 알릴 고.

❶

告
辶

❷

生
口

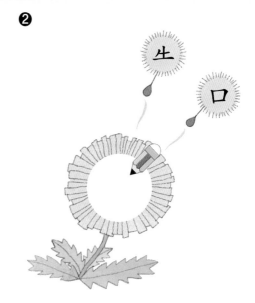

💡 바깥쪽에 있는
글자들을 합치면
한자의 모양을
알 수 있어요.

조소는 조각과 소조의 첫 글자를 합쳐서 만든 낱말이란다.
'조각(彫刻)'은 깎고 새기는 것이라고 앞에서 배웠지?
'소조(塑造)'는 흙으로 빚어서 무언가를 만드는 것이야.
'조소'는 이 둘을 합친 말이므로, 미술 대학 조소과에서는
조각과 소조, 두 가지를 모두 공부하는 거야.

19세기 도자기 제조 모습을 그린 그림.

새길 조 彫   흙 빚을 소 塑

조소

낱▸ 나무나 돌에 새기거나【彫】 흙으로 빚어【塑】 만드는 것.
교▸ 돌 따위를 깎고 새기거나 흙으로 빚어서 형상을 만드는 조형 미술.
예▸ 미술 대학 조소과에서는 조각과 소조를 함께 배운다.

'조소(彫塑)'는 '소조(塑造)'와 한자가 달라.
'소조'는 조물조물 빚어서 모양을 만드는 것이고,
'조소'는 새겨서 모양을 만들지.
소조는 찰흙, 석고, 밀랍, 종이찰흙 등
자유롭게 빚어낼 수 있는 재료들을 사용해.
조소의 분야에는 조각과 소조 외에도 '부조' 등이 있단다.

흙 빚을 소 塑   만들 조 造

소조

낱▸ 흙으로 빚어【塑】 만듦【造】.
교▸ 찰흙, 석고 따위를 빚어 만든 조형 미술.

뜰 부 浮   새길 조 彫

부조

낱▸ 도드라지게【浮】 새김【彫】.
교▸ 조형 미술에서 판의 한쪽 면만을 입체로 나타내는 기법.

부조하는 모습.

'부조'는 평평한 한쪽 면에 글자나 그림 따위를 도드라지게 새기는 방법이야.
부조에 쓰인 '부(浮)'는 원래 물에 뜬다는 뜻이란다.
평면 위에 도드라지게 모양을 새겨 넣은 것이 마치 물 위에 떠 있는 것처럼 보여 부조라고 이름을 지은 것이지.

 쏙쏙 문제

빈칸에 알맞은 낱말을 〈보기〉에서 골라 써 보세요.   〈보기〉 조소, 소조, 부조

• 조각과 소조를 합친 조형 미술의 영역을 ❶◯◯ 라고 한다.

• ❷◯◯ 는 흙으로 빚어 만드는 것이다.

• 평평한 한쪽에 글자나 그림 따위를 도드라지게 새기는 것이 ❸◯◯ 이다.

부(浮)는 물에 뜬다는 뜻에서 '떠돈다', '가볍다', '덧없다' 등 여러 가지 뜻으로 쓰여.

어느 날, 가래떡은 모든 일정을 취소하고 혼자 여행을 떠났어요.
작은 조각배에 낚싯대를 드리우고 노를 저으며
부표를 따라 먼 바다 한가운데까지 나아갔지요.
느긋하게 하늘을 바라보던 가래떡은 문득 생각했어요.
'인기란 덧없는 거야. 마치 둥둥 떠다니는 부평초처럼……
물 위로 보이는 모습은 화려하지만, 물 밑의 뿌리들은 뒤엉켜 지저분하지.'
해변으로 되돌아온 가래떡의 눈에 파도에 뒤섞인 부유물이 보였어요.
'내 인기가 사그라지면, 나도 저 부유물처럼 초라해지겠지.'

인기란 덧없는 것이지.

뜰 부浮 표시 표標
부표

낱｜교 물 위에 띄워【浮】 표시【標】로 삼는 물건.

'부표'란 바닷길을 알려 주거나 바다에 위험한 곳이
있음을 알리기 위해 물에 띄워 놓은 표시야.
차도에 차선이 있는 것처럼 바다에는 부표가 있단다.

예 배를 타고 가다 보니 저 멀리 부표가 보였다.

부표 위의 새.

뜰 부浮 개구리밥 평萍 풀 초草
부평초

낱｜교 물에 뜬【浮】 개구리밥【萍】 풀【草】.

'부평초'는 개구리밥처럼 연못 등에 떠 있는 식물을 말해.
물 위를 떠다니는 개구리밥처럼 정처 없이
떠돌아다니는 신세를 이르기도 하지.

예 그는 평생을 집도 없이 부평초처럼 떠돌아다녔다.

뜰 부浮 헤엄칠 유遊 물질 물物
부유물

낱｜교 떠다니는【浮遊】 물질【物】.

'부유물'은 물 위나 물속, 공기 중을 떠다니는 물질이야.
물에 부유물이 많으면 뿌옇고 탁해 지저분해 보이지.
부유물이 많은 물은 그냥 먹을 수 없어.

예 연못 속에 부유물이 많아서 탁해 보였다.

헉! 부유물!

쏙쏙 문제

빈칸에 알맞은 낱말을 〈보기〉에서 골라 써 보세요.

〈보기〉 부평초, 부유물, 부표

• 이 물은 ❶ [   ] 이 많아서 탁하고 뿌옇게 보인다.

• ❷ [   ] 가 없어서 바닷길이 어딘지, 위험물이 어디 있는지 알기 어렵다.

• ❸ [   ] 는 연못에 떠 있는 개구리밥이라는 식물의 다른 이름이다.

한자의 뜻과 유래에 대한 설명을 읽고, 한자를 익혀 보세요.

彫 ^{2급}

새길 조

총 11획 | 부수 彡, 8획

오른쪽 사진은 빗살무늬 토기야.

터럭이 날리는 것처럼 토기 전체에 새겨 넣은 빗살무늬가 보이지?

터럭 삼(彡)은 공작새 깃털처럼 화려한 무늬나 꾸밈을 나타내지.

새길 조(彫)는 토기 전체에 두루두루【周】 깃털【彡】처럼

화려한 무늬를 새긴 모습이란다.

빗살무늬토기.

한자 암기카드

❶ 칼로 두루【周】 파서

❷ 터럭【彡】무늬를 새기니

칼로 두루【周】 파서 터럭【彡】무늬를 새기니,

새길 조.

周 + 彡 = 彫

두루 주   터럭 삼   새길 조

周 ^{4급}

두루 주

총 8획 | 부수 口, 5획

밭【田→用】의 농작물이 잘 자라 두루 나누어 먹으니【口】, 두루 주(周).

*用는 밭 전(田)이 변화된 것으로 해석함.

곡식이 빽빽하게 자란 모습과 입 구(口)가 합쳐진 글자야.

밭에 심은 곡식이 잘 자라면 풍년이 들어

사람들이 먹을 게 많아지겠지.

덕분에 모든 사람이 두루 나누어 먹었을 거야.

곡식이 빽빽하게 자란 밭.

'한자 암기카드'를 보고 빈칸에 들어갈 말을 써 보세요.

칼로 ❶◯◯◯【周】 파서 ❷◯◯◯【彡】무늬를 새기니, 새길 조(彫).

彫의 뜻은 새 기 다 이고, 음은 ❸◯◯입니다.

彫의 어원을 생각하면서 필순에 따라 써 보세요.

彫 彫 彫 彫 周 彫 周 彫 彫 彫 彫

彫   彫   彫   彫   彫

제 2 일차

1 ❶~❸의 뜻을 찾아 길에 줄을 그으세요.

❶ 조소

❷ 소조

❸ 부조

돌 따위를 깎고 새기거나 흙으로 빚어서 형상을 만드는 것.

평평한 한쪽에 글자나 그림 따위를 도드라지게 새기는 것.

흙으로 빚어 무언가를 만드는 것.

2 왼쪽에 음뜻이 주어진 한자를 오른쪽 빈칸에 쓰세요.

새길 조

칼로 두루 파서 터럭무늬를 새기니, **새길 조.**

칼자루를 쥐다

이얏호~
여름 방학이다!

후훗, 어때?

오옷!

이번 여름에는 꼭 바다로
놀러 가자!

무슨 소리, 시원한 계곡이
있는 산으로 가야지.

산보단 바다지!

산이야, 산!!

바다!

산!

어휴~
이래선 결론이
안 나겠어.

좋아,
다수결로
결정하지!

쑥 송편,
넌 어디가 좋아?

바다야,
산이야?

후훗, 내 결정에 따라
어디 갈 건지가 정해지는 건가?

◑ 글 속의 주황색 낱말들은 무슨 뜻일까요? 잘 생각하면서 다음 글을 읽어 보세요.

무지개떡과 흰 송편이 사랑에 빠졌어요.

흰 송편은 흥겨운 장단에 맞추어 장구를 치는 무지개떡에게 한눈에 반했답니다.

마침내 흰 송편은 집안의 반대를 무릅쓰고 무지개떡과 결혼하여

흰 송편, 분홍 송편, 쑥 송편을 낳았지요.

하지만 가난한 무지개떡은 세 아이를 먹여 살리기 위해

전국 방방곡곡 잔칫집을 찾아다녔어요.

한편 흰 송편의 사랑을 듬뿍 받고 자란 송편 삼 남매는

아버지의 끼를 물려받아 가수가 되었어요.

이들은 타령을 응용한 독창적인 화음과 현대적인 랩을 구사하여

크게 인기를 얻었지요.

어느 날, 송편 삼 남매는 아버지가 가족을 위해 일하느라

집에도 오지 못한다는 사실을 알게 되었어요.

송편 삼 남매는 아버지를 위한 공연을 준비했어요.

그리고 아버지에게 바치는 노래도 직접 만들었답니다.

집에 돌아온 무지개떡은 송편 삼 남매의 노래를 듣고

감동해서 그만 울 뻔했대요.

맛보기

● 빈칸에 알맞은 낱말을 왼쪽 글의 주황색 낱말 중에서 찾아 써 보세요.
잘 모를 땐 💡를 보거나, ❶~❸에서 골라 쓰세요.

1 춤이나 노래의 빠르고 느린 리듬을 　장 단　 이라고 해요.

💡 우리말이지만, 길다는 뜻과 짧다는 뜻을 합쳐 한자어로 나타내기도 해요.

❶ 장단　　　　　　❷ 향단　　　　　　❸ 말단

2 동네와 동네, 굽이굽이 산과 강 모두를 아울러 　　　　　　 이라고 해요.

💡 한 군데도 빠짐이 없는 모든 곳을 이르는 말이에요.

❶ 방방곡곡　　　　❷ 방실방실　　　　❸ 천방지축

3 도라지 　　　　 은 우리나라 민요 중 가장 널리 알려져 있어요.

💡 우리나라 전통 민요의 하나예요. 도드리장단에 슬픈 곡조로 부르지요.

❶ 타령　　　　　　❷ 수령　　　　　　❸ 유령

4 　　　 을 잘하면, 하나를 배우더라도 그것을 활용해서 여러 가지 일을 잘해 내요.

💡 한 분야에서 배우거나 알게 된 것을 다른 분야에 적용하는 것을 말해요.

❶ 응석　　　　　　❷ 응용　　　　　　❸ 응징

5 오케스트라는 여러 악기가 어울려 아름다운 　　　 을 만들어 냅니다.

💡 여러 음이 잘 어울려서 조화를 이루는 일이에요.

❶ 고음　　　　　　❷ 소음　　　　　　❸ 화음

6 　　　　　 아이디어를 가진 사람은 누구도 생각하지 못했던 것을 실현해 내지요.

💡 누구도 하지 못한 것을 처음 만들어 낸 것을 뜻해요.

❶ 독창적　　　　　❷ 어기적　　　　　❸ 뭉기적

쿵떡 ~ 쿵떡 ~ sing sing sing~

'장단'은 춤과 노래에 다 쓰인단다.
춤이 빠르고 느린 리듬이 있는 것처럼 노래도 마찬가지야.
영어인 리듬을 우리말로 표현한다면 '장단'이 되는 것이지.
장단은 우리말이지만 한자로 길 장(長)과 짧을 단(短)을 합쳐서
발음이 같은 '장단'으로 쓰기도 해.

장단

교▶ 춤이나 노래의 빠르고 느림.
또는 곡조의 빠르고 느림을 나타내는 리듬.
예▶ 민요는 주로 장구 장단에 맞추어 부른다.

장단은 춤추고 노래할 때만이 아니라 일상적인 경우에도 써.
노래를 부를 때 누군가 장단을 맞춰 주면 기분이 좋겠지?
그래서 누군가의 비위를 맞춰 주는 걸 '장단을 맞춘다'고 해.
하지만 자기 생각 없이 그저 남이 하자는 대로만 하면
'남의 장단에 놀아나는' 실없는 사람이 되고 만단다.

헉! 하는 대로
가만히 있었더니
아줌마 파마가 됐어!

장구 연주 모습.

국악 연주에서 장단을 맞출 때 빠지지 않는 것이 장구야.
장구는 손으로 왼편을, 채로 오른편을 두드려 연주하지.
'–채'는 무언가를 두드리는 도구를 말해. 탁구채, 골프채 같은 말을 보렴.
'채편'은 장구에서 채로 두드려 소리를 내는 부분이란다.

채편

교▶ 장구에서 채로 두드려 소리를 내는 얇은 가죽면.
예▶ 장구의 구음 '덕'은 채편을 채로 칠 때 나는 소리다.

 쏙쏙 문제

빈칸에 알맞은 낱말을 〈보기〉에서 골라 써 보세요.   〈보기〉 장단, 채편

• 남의 기분에 따라 비위를 잘 맞추는 것을 ❶⬭⬭ 을 맞춘다고 한다.

• 장구에서 채로 두드려 소리를 내는 부분이 ❷⬭⬭ 이다.

제3일차

악기를 잘 연주하려면 악기 소리를 입으로 흉내 내어 장단을 맞춰 본다.
이렇게 입으로 흉내 내는 악기의 장단을 '구음'이라고 해.

입 구【口】 소리 음【音】

낱▷ 입【口】소리【音】.
교▷ 악기의 소리를 입으로 흉내 내어 표현한 말.
예▷ 장구의 구음은 덩, 덕, 쿵이다.

구음은 악기마다 달라.
장구는 덩, 덕, 쿵,
꽹과리는 갱, 개갱, 개갱,
북은 둥, 둥, 둥, 징은 징─ 이야.

징─

갱, 개갱, 개갱.

덩, 덕, 쿵.

둥, 둥, 둥.

화할 화【和】 소리 음【音】

화음

낱▷교▷ 조화【和】를 이룬 소리【音】.
예▷ 새들의 노랫소리가 아름답게 화음을 이루었다.

음이 하나만 있다면 굳이 조화를 이룰 필요가 없겠지?
둘 이상의 음이 잘 어울려 조화를 이룬 소리를 '화음'이라고 해.
편안하고 익숙한 곡조가 들려오면 자기도 모르게
흥얼흥얼 콧노래가 나오지. 음이 일정한 리듬에 따라
구불구불 고르게 흘러나와 이어지는 것을 '곡조'라고 해.

악곡 곡【曲】 고를 조【調】

곡조

낱▷교▷ 일정한 리듬에 따라 고르게【調】 이어지는 악곡【曲】.
예▷ 이 곡은 흥겨운 곡조로 따라 부르세요.

고를 조【調】 가락 률【律】

조율

낱▷교▷ 악기의 음【律】을 고르게【調】 맞춤.
예▷ 피아노는 정기적인 조율이 필요하다.

피아노 음이 맞지 않으면 '조율'을 하지?
조율이란 기준이 되는 소리에 맞추어
악기의 음을 고르게 조절하는 거야.
갈등이나 의견을 조정할 때에도 조율한다고 표현해.

쏙쏙 문제

빈칸에 알맞은 낱말을 〈보기〉에서 골라 써 보세요.　　〈보기〉 조율, 구음, 화음

• 악기 소리를 입으로 흉내 내는 것을 ❶　　　　이라고 한다.

• 둘 이상의 음이 잘 어울려 아름다운 소리를 내는 것을 ❷　　　　이라고 한다.

• 피아노나 바이올린 등 악기의 음이 맞지 않을 때에는 ❸　　　　을 해야 한다.

調 5급

고를 조
총 15획 | 부수 言, 8획

두루 주(周)에 말씀을 뜻하는 언(言)을 더한 글자야.
두루 주(周)는 '밭의 곡식이 잘 자라
두루 나누어 먹다'라는 뜻에서 나온 것이지.
그런데 밭에 곡식만이 아니라 잡초도 빽빽이 자란 거야.
집안의 어른인 할아버지께서 말씀【言】하셨어.
"곡식이 두루【周】잘 자랐구나. 그런데 잡초도 너무 자랐어.
곡식과 잡초를 골라내어라!"

빨리 곡식과 잡초를 골라 내어라!

한자 암기카드

❶ (어른이) 말씀【言】하셔서
❷ 두루【周】자란 부분에서 잡초를 골라내니

言周

(어른이) 말씀【言】하셔서 두루【周】자란 곡식에서 잡초를 골라내니, 고를 조.

言 + 周 = 調
말씀 언   두루 주   고를 조

週 5급

주일 주
총 12획 | 부수 辶, 8획

곡식이 골고루【周】자란 밭을 한 바퀴 걸으면【辶】한 주일이 되니, 주일 주(週).
밭을 천천히 한 바퀴 걷는 모습이야.
주일(週日)은 한 바퀴 도는 데 걸리는 기간인 거지.
월요일에 밭을 돌기 시작하면
다음 월요일이 되어야 출발점으로 되돌아왔나 봐.
그래서 월요일부터 일요일까지를 주(週)라고 해.

한 바퀴 도는 데 일주일이군.

'한자 암기카드'를 보고 빈칸에 들어갈 말을 써 보세요.

(어른이) ❶◯◯【言】하셔서 ❷◯◯【周】자란 곡식에서 잡초를 골라내니, 고를 조(調).

調의 뜻은 고 르 다 이고, 음은 ❸◯ 입니다.

調의 어원을 생각하면서 필순에 따라 써 보세요.

調 調 調 調 調 調 調 調 調 調 調 調 調 調

調 調 調 調 調

다지기

제 3 일차

1

❶∼❸에서 사다리를 타면 같은 색의 빈칸이 나와요.

❶∼❸의 뜻에 맞는 낱말이 되도록 빈칸에 알맞은 글자를 쓰세요.

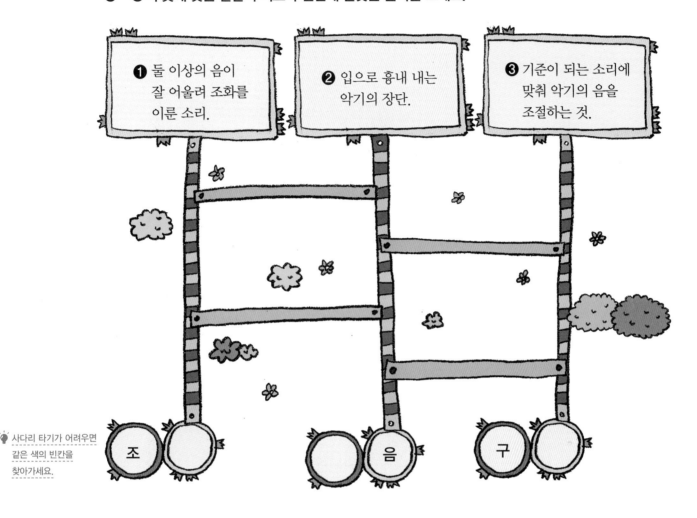

❶ 둘 이상의 음이 잘 어울려 조화를 이룬 소리.

❷ 입으로 흉내 내는 악기의 장단.

❸ 기준이 되는 소리에 맞춰 악기의 음을 조절하는 것.

💡 사다리 타기가 어려우면 같은 색의 빈칸을 찾아가세요.

조　　　　　음　　　　구

2

〈보기〉의 한자를 완성하려면 어떤 글자 조각이 필요한지 ❶∼❹에서 고르세요.

〈보기〉 어른이 말씀하셔서 두루 자란 곡식에서 잡초를 골라내니, 고를 조.

言◯　❶ 長　❷ 周　❸ 吉　❹ 吾

'도라지 도라지 백도라지~ 심심산천에 백도라지~'
누구나 한번쯤은 들어 보았을 법한 우리나라 민요 '도라지 타령'이야.
이 외에도 새타령, 방아 타령 등 우리나라에는 많은 '타령'이 전해 온단다.
우리나라 민요를 통틀어 '타령'이라고 하는데,
타령은 마치 랩처럼 비슷한 노랫말을 반복하는 특징이 있어.
특히 후렴구는 노래의 한 소절이 끝날 때마다 되풀이해서 부른단다.

신곡 떡 타령!
히트 예감!

타 령

교 우리나라 고유의 노랫가락.
예 우리나라 민요를 타령이라고도 한다.

"엄마는 만날 공부 타령이야." "꿀꿀이는 늘 먹는 타령이야."
이런 말을 평소에 많이 들어 보았지?
이것은 같은 말을 자꾸 반복하는 타령의 특징에서 나온 말이란다.
그것도 듣기 싫을 정도로 말이야.
사진 속 인물은 가야금을 연주하면서 타령을 부르고 있어.
목소리를 높여 큰 소리로 노래하는 것을 '창'이라고 하는데,
창을 하는 동시에 악기를 연주하는 것을 '병창'이라고 한다.
가야금을 연주하며 창을 하면
'가야금 병창'이 되는 것이지.

나란히 병 並
부를 창 唱

병 창

낱 악기를 연주하면서 나란히【並】 노래를 부름【唱】.
교 가야금이나 거문고를 타면서 노래를 부르는 것.

가야금 병창.

 쏙쏙 문제

빈칸에 알맞은 낱말을 〈보기〉에서 골라 써 보세요.

〈보기〉 타령, 병창

• 가야금 따위를 연주하면서 노래하는 것을 ❶ ⬤⬤ 이라고 한다.

• 엄마는 만날 공부 ❷ ⬤⬤ 이다.

제4일차

가야금 반주는 노래를 위한 보조 역할을 하지만, 가야금 병창은 노래도 악기도
모두 다 주인공이란다. '병(竝)'은 둘이 나란히 놓인다는 뜻이거든.
'가야금 병창'은 '가야금'과 '창'이 나란히 놓인다는 뜻이지!
다음 글을 읽으며 '병(竝)'이 쓰인 낱말의 뜻을 생각해 보자.

초코쿠키가 쑥개떡을 자기 집에 초대했어요.
초코쿠키네 집은 과자와 빵이 병존하는 아름다운 마을에 있어요.
특히 쑥개떡은 초코쿠키가 다니고 있는 피자 대학 병설 초등학교
의 멋진 정원을 보고 한눈에 반해 버렸어요.
사탕꽃이 열린 색색의 나무들이 병렬로 줄지어 있고,
아기자기한 샘터에는 맛 좋은 초콜릿이 흘렀답니다.

우리 학교 정원이야.

와, 멋지다!

나란히 병 竝   세울 설 設

병설

낱.교. 나란히【竝】 세움【設】.

건물이나 시설을 같이 짓는 것을 말해.
예를 들어 학교를 지을 때
유치원도 같이 짓는 것을 '병설'이라고 하지.

예) 나는 공부 대학교 병설 열공 초등학교에 다닌다.

나란히 병 竝   있을 존 存

병존

낱.교. 나란히【竝】 있음【存】.

'병존'이란 같이 있는 것을 말해.
두 가지 이상의 것이 어울려서 같이 있는 모습이지.

예) 우리나라는 불교, 천주교, 개신교, 원불교와 같은 다양한 종교가 병존한다.

나란히 병 竝   벌일 렬 列

병렬

낱.교. 나란히【竝】 벌이어【列】 섬.

'병렬'은 나란히 늘어놓거나 줄지어 늘어선다는 뜻이야.
이 말은 특히 전기 회로에서 자주 나온단다.
여러 개의 전지를 같은 극끼리 연결하는 것을 '병렬 연결'이라고 해.

예) 두 건전지를 병렬로 연결하면 전지를 오랫동안 쓸 수 있다.

쏙쏙 문제

빈칸에 알맞은 낱말을 〈보기〉에서 골라 써 보세요.   〈보기〉 병렬, 병존, 병설

• 여러 개의 전지를 같은 극끼리 연결하는 것을 ❶   연결이라고 한다.

• 중학교를 지을 때 유치원을 같이 세우는 것을 ❷   이라고 한다.

❸   이란 두 개 이상의 것이 함께 있는 것을 뜻한다.

竝 3급

나란히 병
총 10획 | 부수 立, 5획

같은 글자가 나란히 있으니, 함께 있는 모습을 뜻하는 거야.
'立'은 팔을 벌리고 서 있는 사람의 모습이란다.
'立'의 아래쪽의 'ㅡ'은 땅을 나타낸 거야.
땅을 딛고 서 있는 걸 강조한 것이지.
땅을 딛고 선 두 사람이 나란히 서 있는 모습에서
'나란하다', '함께'라는 뜻이 나오게 된 거야.

팔을 벌리고

나란히!

한자 암기카드

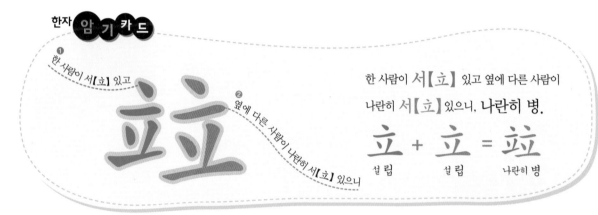

① 한 사람이 서【立】 있고

② 옆에 다른 사람이 나란히 서【立】 있으니

한 사람이 서【立】 있고 옆에 다른 사람이
나란히 서【立】 있으니, **나란히 병.**

$$立 + 立 = 竝$$
설 립 　 설 립 　 나란히 병

競 5급

다툴 경
총 20획 | 부수 立, 15획

나란히 서서【竝】 서로 입【吅】으로 고함치며
두 사람【儿儿】이 싸우니, 다툴 경(競).
*儿 (사람 인 발)은 사람 인(人)이 글자의 아래 쪽에 쓰일 때의 모습.

'다툴 경(競)'은 포로나 죄인들을 나란히 세워
싸우게 한 모습에서 나온 한자야. 고대 로마 시대에는
전쟁에 져서 잡혀 온 포로들끼리 격투를 벌이게 하고
로마 사람들은 이 모습을 오락처럼 구경했단다.

검투사의 모습.

'한자 암기카드'를 보고 빈칸에 들어갈 말을 써 보세요.

한 사람이 ❶◯【立】 있고 옆에 다른 사람이 나란히 ❷◯【立】 있으니, 나란히 병(竝).

竝의 뜻은 나 란 하 다 이고, 음은 ❸◯ 입니다.

竝의 어원을 생각하면서 필순에 따라 써 보세요.

竝 竝 竝 竝 竝 竝 竝 竝 竝 竝						
竝	竝	竝	竝	竝		

다지기

제 **4** 일 차

1

자동차에서 ❶~❸으로 이어진 길을 따라가면 두 글자로 된 낱말이 완성됩니다.
그 낱말을 알맞은 뜻과 이으세요.

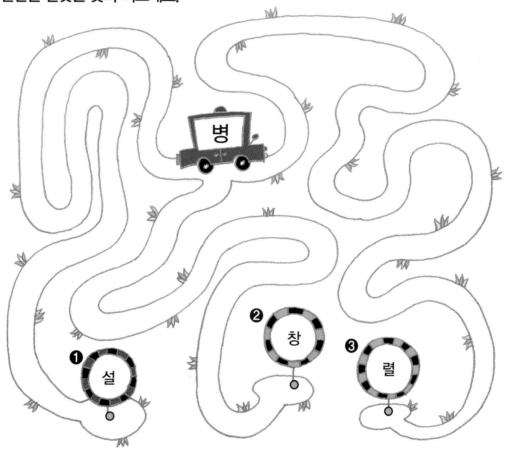

💡 완성된 세 낱말은
병설, 병창, 병렬
입니다.

건물이나 시설을
같이 짓는 것.

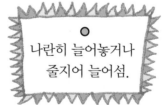
나란히 늘어놓거나
줄지어 늘어섬.

악기를 연주하면서
노래를 함께 부르
는 것.

2

왼쪽에 음뜻이 주어진 한자를 오른쪽 빈칸에 쓰세요.

한 사람이 서 있고 옆에 다른 사람이 나란히 서 있으니, 나란히 병.

나란히 병

나의 주장

'장애인들을'이라고 쓴단다.

아직도 우리는 (장해인들을) 좋지 않은 시선으로 바라

본다. 그들이 원해서 (장해를) 가지게 된 것도 (아닌대) 우

'장애를'이라고 써야겠지.   '아닌데'라고 쓴단다.

리랑 다르다고 해서 그들을 멀리하려고 한다. 가끔 상

처를 주기도 한다. 우리가 그들보다 (날다고) 생각해서

'낫다고'라고 써야 해.

(그런것) 같다. 그렇지만 우리가 더 나쁜 행동을 하고 피

'그런 것'이라고 띄어쓰기를 한단다.

해를 주는 때가 많다.

엘리베이터

아파트 입구

지하철역

*이 글은 초등학교 4학년 어린이가
자기 생각을 쓴 글입니다.

새끼를 '낳고', 감기가 '낫고'

다른 대상과 비교해서 더 좋은 경우 '낫다'라고 써야 한단다.
'낳다'는 배 속의 아이, 새끼, 알을 몸 밖으로 내놓을 때 쓰는 거야.
'낫다'는 병이나 상처가 원래대로 될 때에도 쓴단다.
넘어져서 다친 상처가 아물 때, 목소리가 원래대로 돌아올 때
바로 '낫다'를 쓰지!

감기가 다
낫았네!!

낫다

- 병이나 상처 따위가 원래대로
  되다.
  예 감기가 씻은 듯이 낫다.
- 대상을 비교해서 좀 더 좋거나
  앞서 있다.
  예 둘 가운데 이 물건이 더 낫다.

새끼를 다섯
마리나 낳았어요!

낳다

- 배 속의 아이, 새끼, 알을
  몸 밖으로 내놓다.
  예 이모가 사촌 동생을 낳았다.
- 어떤 결과를 이루거나 가져오다.
  예 열심히 연습해서 좋은 결과를 낳다.

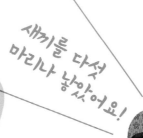

1 빈칸의 글자와 '조'가 합쳐지면 두 글자의 낱말이 완성됩니다.
❶~❸의 뜻에 맞는 낱말이 되도록 빈칸에 글자를 쓰세요.

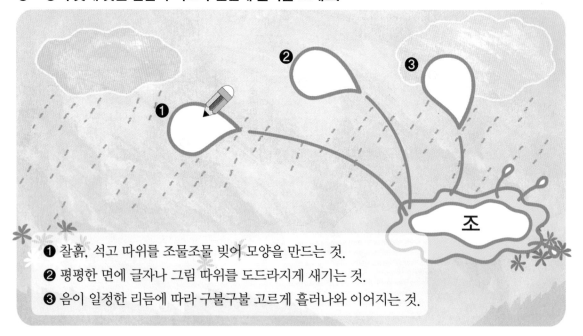

💡 빈칸에 들어갈
글자는 소, 부, 곡
가운데 하나입니다.

❶ 찰흙, 석고 따위를 조물조물 빚어 모양을 만드는 것.

❷ 평평한 면에 글자나 그림 따위를 도드라지게 새기는 것.

❸ 음이 일정한 리듬에 따라 구불구불 고르게 흘러나와 이어지는 것.

2 ❶~❸에서 사다리를 타면 같은 색의 빈칸이 나와요.
❶~❸의 뜻에 맞는 낱말이 되도록 빈칸에 알맞은 글자를 쓰세요.

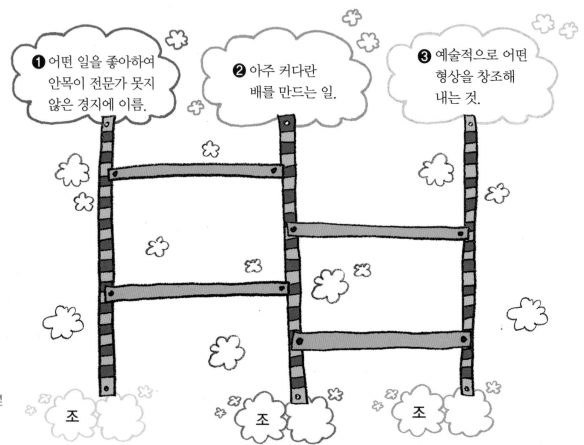

❶ 어떤 일을 좋아하여 안목이 전문가 못지 않은 경지에 이름.

❷ 아주 커다란 배를 만드는 일.

❸ 예술적으로 어떤 형상을 창조해 내는 것.

💡 사다리 타기가 어려우면
같은 색의 빈칸을
찾아가세요.

조   조   조

3

돌담 안에 든 낱말 가운데 ❶~❷의 뜻에 맞는 낱말을 찾아 ◯로 묶고, 빈칸에 낱말을 쓰세요.

| 북 | 채 | 편 | 장 | 단 | 구 | 음 |
| 부 | 조 | 화 | 조 | 예 | 술 | 경 |

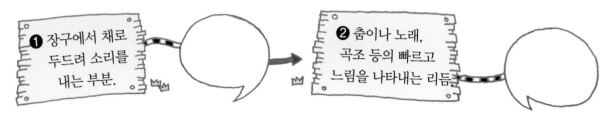

💡 나란히 붙어 있는 두 글자로 된 낱말이에요.

❶ 장구에서 채로 두드려 소리를 내는 부분.

❷ 춤이나 노래, 곡조 등의 빠르고 느림을 나타내는 리듬.

4

❶~❹에서 사다리를 타고 가다 만나는 빈칸에 알맞은 한자를 쓰세요.

💡 사다리 중간에 만나는 글자들을 합치면 한자가 완성됩니다.

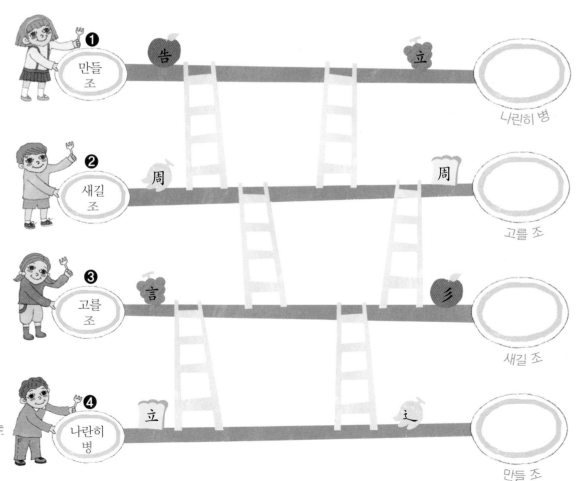

1~2 〈보기〉의 뜻에 알맞은 낱말을 고르세요.

1. 〈보기〉 돌 따위를 깎고 새기거나 흙으로 빚어서 형상을 만드는 것.　(　　　)

   ❶ 조선　　　　❷ 부조　　　　❸ 조소
   ❹ 회화　　　　❺ 건축

2. 〈보기〉 춤이나 노래, 곡조의 빠르고 느림을 나타내는 리듬.　(　　　)

   ❶ 구음　　　　❷ 화음　　　　❸ 곡조
   ❹ 조율　　　　❺ 장단

3~4 다음 글을 읽고 물음에 답하세요.

(가) 강물은 자연의 (　㉠　)입니다. 강물은 산을 깊게 깎아 계곡을 만들기도 하고, 높낮이가 크게 차이 나는 계곡에 멋있는 폭포를 만들어 놓기도 합니다. 그리고 아름다운 모래사장과 예쁜 자갈을 만들기도 합니다.

(나) "헌 그릇에 반찬 담아 먹으면 맛이 없어진다더냐, 색깔이 변한다더냐? 반찬도 그만하면 됐지. 진수성찬 바랄래? 반찬 ㉡타령을 하는 것도 우리보다 못한 사람들에게 미안한 일이야."

3. ㉠에 들어갈 알맞은 말을 고르세요. (　　　)

   ❶ 화가　　　　❷ 작가　　　　❸ 성악가
   ❹ 만화가　　　❺ 조각가

4. 다음 중 ㉡과 같은 뜻으로 쓰인 것을 고르세요. (　　　)

   ❶ 꿀꿀이는 늘 먹는 타령이다.
   ❷ 음악 시간에 도라지 타령을 배웠다.
   ❸ 타령은 우리나라 전통 민요 중 하나다.
   ❹ 어릴 때 자주 부르던 토끼 타령이 생각난다.
   ❺ 아빠는 흥겨운 장단에 맞추어 달 타령을 부르셨다.

5 ~ 8 빈칸에 들어갈 낱말을 〈보기〉에서 골라 쓰세요.

〈보기〉 병창, 병렬, 조경, 화음

5. 두 개의 전지를 서로 같은 극끼리 연결하는 것을 (   ) 연결이라고 한다.

6. 우리 학교 축제의 하이라이트는 교장 선생님의 가야금 (   )이었다.

7. 호수 공원은 아름다운 호수와 어우러진 멋진 (   )으로 이름이 높다.

8. 비 온 뒤 숲 속에서는 새들의 노랫소리가 어울려 멋진 (   )이 들려왔다.

9 ~ 10 다음 글을 읽고 물음에 답하세요.

소고치기의 기본 (㉠)(을/를) 익히고 춤을 추어 봅시다.

(1) 세마치장단 : ㉡덩 덩 덩 쿵덕
앉아서 세 박의 장단을 칩니다. 첫 박에 오른발을 내딛고, 둘째 박에 왼발을 붙이고, 셋째 박에 다시 오른발을 내딛습니다.
(2) 굿거리장단 : 덩 기덕 쿵 더러더러 덩 기덕 쿵 더러더러
앉아서 느린 네 박의 장단을 치며, 한 박에 한 걸음씩 내딛습니다.
(3) 자진모리장단 : 덩 덩 덩 덕쿵덕
앉아서 네 박의 장단을 칩니다. 두 발 벌리고, 한 박, 두 박, 네 박에 한 번씩 무릎을 굽히며 움직입니다.

9. 위 글의 내용으로 보아 ㉠에 들어갈 말을 고르세요. (   )

❶ 가락　　　❷ 곡조　　　❸ 화음
❹ 장단　　　❺ 타령

10. ㉡과 같이 입으로 장단을 소리 내는 것을 무엇이라고 하는지 쓰세요.

(   )

외 래어로 배우는 워 word 드 라 고요!

에스컬레이터는 자동으로
올려 주는 사람??

단어에 **-er**를 붙이면 '~하는 사람'이 된다고 했었지?
디자이너 기억나니?
'디자인하다^{design}'와 '~하는 사람^{-er}'이 합쳐져
'디자인하는 사람^{designer}'이란 단어가 되었었지.
-er와 마찬가지로 **-or** 역시 '~하는 사람'이란 뜻으로 쓰인단다.
단어에 따라서 **-er**를 붙이기도 하고, **-or**를 붙이기도 하지.
에스컬레이터^{escalator} 는 **-or**를 붙인 거야.

escalate
점점 올라가다

+

or
~하는 기구

→

escalator
에스컬레이터

그런데 잠깐! 여기서 한 가지 주의할 점이 있어!
단어에 –er나 –or가 붙어 있다고 무조건 '~하는 사람'이라고 생각하면 안 돼.
왜냐하면 –er나 –or가 붙어 있지만
'~하는 데 사용되는 기구'라는 뜻의 단어도 상당히 많이 있거든.
예를 들면, 머리 말리는 헤어드라이어 알지?
말리다^{dry}에 –er가 붙어서 말리는 데 사용되는 기계, 드라이어^{dryer}가 된 거야.
다른 단어들도 한번 살펴볼까?

print**er**

프린터^{printer} 알지? 프린터는 인쇄하다,
프린트하다^{print}에 –er가 붙어서
프린트하는 데 사용되는 기계,
'인쇄기^{printer}'가 된 거야.

comput**er**

컴퓨터^{computer}는 모르는 사람 없지?
컴퓨터 역시 계산하다^{compute}에
–er가 붙어서 계산하는 데
사용되는 기계,
'컴퓨터^{computer}'가
된 거야.

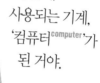

act**or**

장동건, 배용준 같은 배우들을
actor라고 해.
연기하다^{act}에 **-or**가 붙어서
연기하는 사람, '배우^{actor}'가 된 거야.

eleva**tor**

건물에서 흔히 보는 엘리베이터^{elevator}도
마찬가지야. 들어 올리다^{elevate}에
–or가 붙어서 물건이나 사람을
들어 올리는 데 사용되는 기계,
'승강기^{elevator}'가 된 거지.

콕콕 정답

05쪽 1. 조형 2. 조각 3. 형상
4. 대칭 5. 숙명 6. 조소

06쪽 ❶ 조형 ❷ 건축 ❸ 회화

07쪽 ❶ 조선 ❷ 조예 ❸ 조경

08쪽 ❶ 알리고 ❷ 나아가 ❸ 조

09쪽

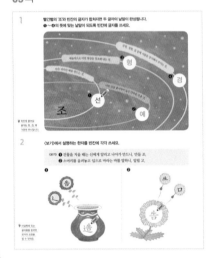

10쪽 ❶ 조소 ❷ 소조 ❸ 부조

11쪽 ❶ 부유물 ❷ 부표 ❸ 부평초

12쪽 ❶ 두루 ❷ 터럭 ❸ 조

13쪽

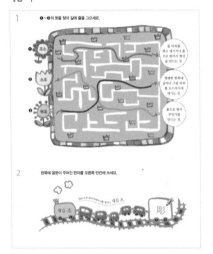

17쪽 1. 장단 2. 방방곡곡 3. 타령
4. 응용 5. 화음 6. 독창적

18쪽 ❶ 장단 ❷ 채편

19쪽 ❶ 구음 ❷ 화음 ❸ 조율

20쪽 ❶ 말씀 ❷ 두루 ❸ 조

21쪽

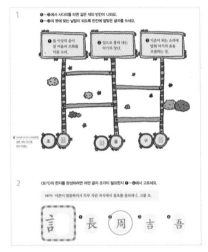

22쪽 ❶ 병창 ❷ 타령

23쪽 ❶ 병렬 ❷ 병설 ❸ 병존

24쪽 ❶ 서 ❷ 서 ❸ 병

25쪽

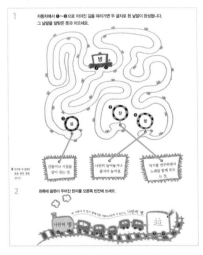

도전! 어휘왕
28-29쪽

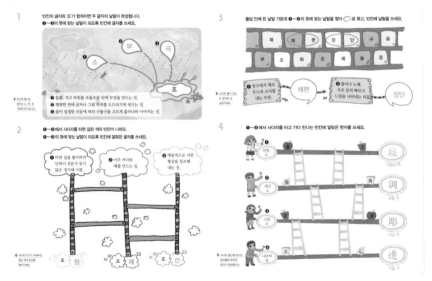

평가 문제

30-31쪽 1. ❸ 2. ❺ 3. ❺ 4. ❶ 5. 병렬
6. 병창 7. 조경 8. 화음 9. ❹ 10. 구음

옛사람들의 생활 도구

아직도 농촌에 가면 할머니들의 민요와
농악 소리를 심심찮게 들을 수 있을 거야.
또 낯선 생활 도구들도 많이 볼 수 있지.
옛사람들이 썼던 생활 도구 이름이나 한번 알아보고 갈까?

구유 소나 말에게 줄 여물, 쇠죽을 담아 놓는 틀이야. 외양간에 늘 놓아 둔단다.

굴레 말이나 소의 목에 줄을 얽어매고 고삐를 연결하는데, 이 얽어맨 줄을 '굴레'라고 한단다.
굴레는 평생 쓰고 있기 때문에, 꼼짝없이 평생 동안 벗어나지 못하는 것을 '굴레'라고 해.

달구지 소가 끄는 수레를 말해. 두 바퀴 달구지는 주로 산골에서, 네 바퀴 달구지는 평지에서 많이 썼어.
짐이나 곡식을 실어 나르고, 때로 사람이 타고 가기도 했지.

도롱이 볏짚으로 만든 '우비'라고나 할까? 볏짚이나 보릿짚, 띠풀로 엮어 망토처럼 몸에 두르고 다녔단다.

둥우리 짚이나 가는 나뭇가지를 엮어 바구니처럼 둥글게 말아 놓은 거야.
보통 닭이나 오리를 키울 때 둥우리를 만들어 알을 낳고 품도록 했어.

뒤주 나무로 커다란 틀을 만들어 곡식을 담아 놓는 도구야. 오늘날의 '쌀독'과 비슷하다고 볼 수 있지.

떡살 떡 위에 예쁜 무늬를 넣을 때 쓰는 틀이야. 보통 나무로 만드는데, 도장처럼 무늬틀을 넣고
떡 위에 눌러 무늬를 만들었단다.

따리 옛날 집집마다 수도가 놓이기 전에는 물을 길어 와야 했어.
무거운 물동이를 머리 위에 직접 올려놓을 수 없으니 짚이나 헝겊으로
동그란 모양을 만들어 물동이 밑에 받치고 날랐지.

멍에 소가 수레를 끌 수 있도록 소의 목에 가로 얹는 나무란다.
'멍에를 진다'고 하면 어떤 일을 해야 할 의무가 생긴 거지.

시루 떡이나 쌀 따위를 찌는 데 쓰는 둥근 질그릇이야. 바닥에 구멍이 여러 개 뚫려 있지.

홍두깨 만두피나 칼국수를 만들 때, 밀가루 반죽을 넓은 틀에 놓고 방망이로 밀어 얇게 펴는데,
이 방망이를 홍두깨라고 한단다.

마법의 상위권 어휘 스스로 평가표

01

다음 네 낱말 중 뜻을 자신 있게 말할 수 있는 낱말은 ○표, 알쏭달쏭한 낱말은 △표, 자신 없는 낱말은 ×표 하세요.

조형 (　　)　　조소 (　　)　　장단 (　　)　　타령 (　　)

02

다음 네 한자 중 음과 뜻을 자신 있게 말할 수 있는 것은 ○표, 알쏭달쏭한 것은 △표, 자신 없는 것은 ×표 하세요.

造 (　　)　　彫 (　　)　　調 (　　)　　竝 (　　)

03

〈평가 문제〉를 모두 풀고 정답을 확인해 보세요. 10문항 중 내가 맞힌 문항 수는 몇 개인가요?

❶ 9-10 문항 (　　)　　❷ 7-8 문항 (　　)　　❸ 3-4 문항 (　　)　　❹ 1-2 문항 (　　)

| 부모님과 선생님께 |

위에서 어린이가 스스로 적은 내용을 보고, 어린이가 어려워하는 부분을 함께 보면서
어휘의 뜻과 쓰임을 이해할 수 있도록 해 주세요.